文庫

わかったと思うな

中部銀次郎ラストメッセージ

中部銀次郎

筑摩書房

わかったと思うな―目次

わかったと思うな——中部銀次郎ラストメッセージ

構成　塚田　賢
写真　立木　義浩

第1話

勝手に自分を縛っていないか

上手な人ほど自分の心が平静でいられる方法をたくさん持っている

ぼくがこのような話を始めるのは、つい数日前のこと、女房とその友達が期せずして同じ質問をぼくに発したことが大いなるきっかけになっています。

「アプローチのときのひざって、どれくらい動かしたらいいの」

「ひざって使っちゃいけないの」

はじめは何をいってるんだろうと不思議に思ったものですが、順序だてて聞いていくうちに、だんだんぼくの肚《はら》の中に危機感のようなものが芽生えていくのを覚えました。

「ちょっと待て、それは何ヤードぐらいのアプローチをいってるの」

「そうね。じゃ30ヤード」

「その距離を何番で打つわけ」

「ピッチングウェッジ」

「よし分かった。じゃあバックスウィングはどのへんまで上げるの。肩のへん？　それともひざぐらい？」

「じゃ、肩のへんまで」

「おいおい、ちょっと待てよ。肩のへんまで腕を振り上げたときに、ひざが動かないなんてことがあり得るのか？」

「ん〜と。それもそうねえ」

ひざなんて、自然に動かせばいいと思うんです。腕を肩まで上げたら、それに引きずられてひざだって動いていく。それなのに、なんておろかなことを聞くんだろうかと。

確かに人から見て、必要以上にひざが動いていれば直さなくちゃいけない。また不自然に動かない場合も直す必要がありますね。しかし、限度を越えないある程度の範囲内ならば構わないわけですよ。そのへんのことがなぜ分からないのか。ハンディをいえば女房が12、友達が13です。そのぐらいの腕前を持っているゴルファーですら、技術上の細部にこだわって悩んでいる。ぼくは、まさかと思い、そして「ハハァ、これだな」と思った。

〝これだな〟というのは、上達を阻んでいるもの。自然に動かせばいいものをあえて制限し、そのことによってかえって難しくしている。技術にばかりこだわると、このようなことがあるんですね。

もちろん、ボールを打ち込む必要はありますよ。正しいであろうスウィングに近づけるための練習、それによってショットの精度を高めることは必要です。しかし、それよりもぼくは内面的なものがショットに与える影響のほうが、はるかに大きいと思っている。心構え次第で、いくらでもナイスショットが出るものだと考えているんです。

◉

ここでひとつ、そのへんを示すいい例を挙げてみましょう。

その日一番のナイスドライブを打って、フェアウェイ真ん中にボールを飛ばした人がいるとします。しかし、セカンドショットを打ったらミスをした。これは明らかに技術上の問題ではない。少なくともナイスドライブを打てる力を持っている人なわけですからね。ところがミスをした。これは何故か、ということです。

それはこういうことだと思うんです。ようし、こんなに飛んだと。ならば、次はグリーンに乗せなくてはいけない。できればピンに近いところに乗せたいな。ほんのわずかの瞬間に、そのようなことを考えてしまう。たまに出たナイスショットですから、この機会を逃すまいとして、パーやバーディを狙いたくなるのでしょう。いいショットをしたんだから、いいスコアで上がりたいと。そのためには、あのバンカーにだけはボールを入れたくないとか、できればピンの右側に落としたいとか、いろいろと欲張りなことを考えるわけです。ところが、そのように考えるほど制約が生まれてきてガンジガラメになってしまう。これでは自然な体の動きなど、とてもできない。だからミスをするのは、当たり前のことなんです。

ナイスドライブを打ったらバーディがとれるなんて、誰も保証していませんね。にもかかわらず、ゴルファーは、そのほとんどが「いいショット、イコール、いいスコア」と考えているところがある。しかし、この考えは絶対に間違っている。

ショットが乱れる最大の理由は自分にそのような心理上、精神上の制約を加えること。制約を加えたときに初めて失敗が成り立つ。これは技術上の間違いよりもはるかに大きい原因をつくります。

ナイスショットは、心が非常に平静で、なごやかなときに出る。何の欲張りもない、何の制約もない、そういう状態のときに初めていいショットが出るものです。そのへんをぼくはみなさんに知ってもらいたい。決して技術だけではないということ。技術だけで、うまくなれるものではないことを知ってもらいたい。ひとたびボールにクラブが当たるようになったら、あとは考え方です。自分の気持ちが安らぐような考え方を発見すること。そして自分の心が平静でいられる方法を、たくさん持っている人が上手な人だと思う。

◉

ぼくは、上達するには心構えしかないと強く思っている。それはぼくの経験に照らし合わせて、はっきりとそういえるんです。

ぼくは体が弱い。だから飛距離はあまり出ません。もう少し飛ばせたらいいなと、しょっちゅう思ってますよ。そのようなぼくが、もの凄い飛ばし屋と一緒にまわると、やはり気になります。しかし気にはなるけれども、その不安定な気持ちを落ち着かせるための文句をたくさん持っているわけです。それで心を平静に保たせることができる。たとえば、「あいつはあんなに飛ばしているけれども、1回ではグリーンに届かない」というような文句ですね。パー4のホールだったら、だいたいグリーンに乗せるまで2回はかかる。で、お前もそうだし、オレも2回では届くと。そのときにはオレのほうが絶対に上手なんだぞと。こう考えると心が落ち着くし、リキみもなくなってくるんです。

飛ばし屋とまわると、どうも調子が狂うというゴルファーは多いと思います。それは知らぬうちに心が動揺し、自分でも飛ばそうとしてしまうからです。それでリキみが出て、タイミングが狂う。飛ばそうという制約がそうさせるんですね。しかし、飛ばし屋ほどボールが飛ばなくても、パーやバーディはとれるんです。一定の飛距離さえ出ていれば、とれるようになっている。

やはり考え方、心構え。これに尽きると思う。ただこれまでの考え方や心構えを変えることは、非常に難しいかもしれない。しかし、考え方を変えることが上手になる秘訣なんです。そのための訓練も必要でしょう。それは何でも訓練は必要だと思う。

訓練なしでうまくいくのなら、だれだってうまくなりますからね。

実際、練習する時間はないし、ゴルフの回数も少ない。そのようなゴルファーが上手になるためには心構えしかないんです。そのへんの手助けならばぼくにでもできる。このような性格タイプの人にはこういう考え方、またそれになじまない人にはこっちの考え方、あるいはどのような訓練をすれば体得できるのか、そのようなことを、これから話していきたいと思います。

第2話
確率の本質をわきまえる

ナイスショットの確率を数字に出してみればリキむこともなくなる

技術上の細部にとらわれるよりも、心構え次第で上達する道はいくらでもあると説明しました。ひとたびボールにクラブが当たるようになったら、あとは心を平静にする術《すべ》を考えることだと。

それはまた、自分の気持ちの中から制約を取り除くことでもあり、制約を取り除いたときに初めてナイスショットが出る、とつながっていきます。そのへんの話をもう少し続けてみましょうか。

前に例として出した、ナイスショットを打った後にほとんどのゴルファーがミスシヨットを出してしまうという話。これは自分のゴルフの確率を知っていれば回避できることなんですね。

あまりナイスショットの出ないゴルファーが、たまたまナイスショットを打った後、グリーンを狙う段になって何故ミスショットが出てしまうのか。それはたまに出たナイスショットだから、セカンドショットでグリーンに乗せてパーをとろう、あるいは欲張ってバーディを狙ってやろうという欲望が気持ちの上で制約となって、結果的に体の自然な動きを阻んでしまうからです。要するに、リキむ。

しかし考えてごらんなさい。そのナイスショットが出るまで何回ボールを打ってきたのか。たとえばその日、パターを除いて14回のショットを行ってきた。で、ナイスショットが14回目に初めて出たとします。するとそのナイスショットの確率は14分の1でしょ。パーセンテージにすれば0コンマ07。10パーセントにも満たない、わずか7パーセントです。それぐらいの確率でしかナイスショットが出ないのに、どうして次のショットでピンそばにピタッと付けられると考えるのか。これはほとんど可能性としてはゼロに近い確率ですよ。

そのへんを何故わきまえないのか。わきまえてさえいれば、リキむということはないはずです。「よくあんなフロックが出たもんだ。今度は出るはずがないぞ」。たとえばこのようにでも考えられれば、自分に制約を加えるものは何もないわけですから、リキむということもないはずなんです。

あるいはその日の確率だけじゃなくて、1年間なら1年間の確率をとってみるといい。もっとシビアな数字が出てくると思う。確率として正確な数字がね。

ラウンドで使用できる14本のクラブの中の1本。たとえばドライバーでもいい。ドライバーを打ってボールがフェアウェイに残る確率が何パーセント、フェアウェイのセンターをとらえる確率が何パーセント。その1年間のトータルをとって確率を計算してごらんなさい。計算して、ハッキリとその数字を認識することですよ。恐らく非常に数字の低い確率が出てくると思う。ならばたったひとつのナイスショットに過剰な制約を加える必要がどこにあるのか。そう考えざるを得ないわけです。

しかしゴルファーはナイスショットを出したことばかりが頭にある。ミスしたほとんどのショットは忘れてね。だからナイスショットの確率も案外高いんじゃないかって思ってるわけですよ。ところが確率を実際に計算してみると驚くほど低い数字しか出てこない。そしてこのことに対する認識が欠けていることがやはり、上達を阻んでいるんじゃないかなって気がすごく、しますね。

◉ こういうことがあります。ピッチングウェッジでもサンドウェッジでも、ヘッドの背中が地面に付いてしまうぐらいフェースを開いて構えないと、ボールが狙ったところまで高く上がっていかないという状況。グリーンまわりや林越えでよく経験する状況です。ヘッドの背中が地面に付くぐらいにフェースを開けば、リーディングエッジがずいぶん浮いてきますよ。打ちそこなったらボールの腹を叩いて、ライナーでOBに入ってしまうか木に当たるか。ショットとしては非常に難しい。こうなるともう賭けですよ。成功するか、失敗するか。確率でいえばぼくの場合で30パーセントもないでしょう。

しかしどうしてもそのショットを行わないとその状況から脱出できない。なおかつ容易に出せるほうに出したら相手に負けてしまう。そのようなときには、やはりやらざるを得ませんね。30パーセント以下の確率でしか成功しなくても。これはぼくでもその賭けに賭けてみます。

ところが、あえてそのような賭けをやらなくてもいい状況で難しいショットをやっちゃう人がいるわけです。ヘッドの背中を地面に付けるようなショットをやらなくても相手とイーブンで分かれるとか、ストロークを損しないで済むとか、そのような状況で、やってしまう。たとえば単純なバンカー越えとかでね。非常に大胆というか、無謀というか、それとも相当に自信があるというか。

これはやはり考え方なんでしょうね。もしその人がそのショットを失敗して、そのときどう考えるのか。この失敗は10回に1回ぐらいの失敗なんだからオレの本当の失敗ではない、たまたま出てしまっただけだと解釈するのか。それともこの失敗は自分の実力の一部であるから、ひとつ真摯《しんし》に受けとめて考え直さなくちゃいけないんじゃないかと考えるかね。10分の1を無視するか、10分の1にこだわるか。この違い。

◉

具体例を出してみましょう。ある試合でベン・ホーガンとサム・スニードがプレーオフをやった。グリーンの手前を小川が流れているホールで、どちらもツーオンはする。ところがホーガンは練習ラウンドで1回この小川にボールを打ち込んでいるわけです。このことにホーガンはこだわったんでしょう。2打目を小川の手前に刻む攻め方をとった。その結果ホーガンはどうなったか、はここでは関係ありません。何故刻んだかが問題なわけです。それは練習ラウンドで一度失敗しているために石橋を叩いて渡ったということ。

これは主義の問題というか、その人の考え方でしょう。10分の1を無視するか、それにこだわるか。これは、無視したほうが悪いとか、こだわるほうがいいとかということとは別問題です。小川に入る確率が五分五分ならばツーオンを狙うほうが悪いと第三者はいうかもしれない。しかしどちらをとるかは本人次第なんですからね。

ぼく自身はベン・ホーガンのタイプじゃないかなと思っています。もしミスショットが出たらどうしようかっていう不安がすごく付きまとう。今日は調子がいいから小川なんか越えられるはずなんだけれども、もしミスが出たらどうしようかと。じゃ、ミスを出さないようにするにはどうしたらいいだろうかと、そんなことを考えてます。石橋を叩いてね。

もちろんこういうぼくでも石橋を叩いて渡るばかりじゃなく、危険を承知で狙いにいったりすることはあります。しかしだいたいが失敗で終わります。また失敗で終わる確率が高いからこそ、より慎重にならざるを得ないといえるわけです。

自分のショットの確率を知ることは大切なことだと思います。何パーセントの確率でナイスショットが出るのか。そのへんの認識を持っていれば少なくとも馬鹿げたミスショットは出ない。その積み重ねでしょう。それを積み重ねていけばスコアにしてもまとまっていくものなんです。またそれが上達する道なんですね。

第3話

何事も検証、確認が肝心

いま自分のある状態を検証する術は日常生活の中にいくらでもある

自分のナイスショットの確率が何パーセントぐらいあるのか、それを見極めることがスコアアップするうえで重要であるという話。これが前項の骨子でした。ここでは、いま自分がどのような状態にあるのか、それを検証する術《すべ》を持つことの必要性に触れてみたい。

ラウンドしていてだんだん疲れが出てくると、たいていの人は体が開いてきます。右肩が前に出て。それは本人の知らないうちに自然にそうなってくる。これは右肩を前に出したほうが楽に構えられるからです。

クラブを握ったとき、右のグリップは左手の先にありますね。ということは、クラブを体の真ん中で構えた状態で、先を握っているぶんだけ右手が前に出ることになる。これは同時に、そのぶんだけ右肩が前に出ることを意味するはずです。さらにボールは、体のセンターより左にある。これにクラブフェースを合わせようとしたら、手の位置も左に移動させなくてはいけません。手の位置だけ体の真ん中に置いて、ヘッドだけ左に移動させるのは不自然です。グリップのところで、「く」の字形に折れてしまいますからね。そこで手の位置をボールに合わせるように左に移動させると、そこでまた右肩が前に出てしまう。

こうなるとボールの曲がる条件が揃ったことになる。ボールと目標とを結んだ飛球直線に対して、肩の線が開いているわけですから。要するにスクェアになっていない。ところが、疲れてくるとそれに気がつかない。右肩が前に出ているのに、それでスクェアに構えてると思ってしまう。だからどうしてスライスが出るんだろうか、不思議に思っちゃうわけでしょ。

いま自分がどのような状態にあるのか、それを検証する方法を持ちなさいとぼくがよくいうのは、そのようなことがあるからなんです。飛球直線に対して、どのような状態にあるときが自分のスクェアなのか、それを把握している人は大変少ないんじゃないかなって思います。

たとえば真っすぐに立ったと。その真っすぐに立っていることをどうやって判断するか。真っすぐに立つということは、これで案外難しいことなんですね。例を挙げれば、交差点で信号待ちしているときとか、ボケッと電車を待っているようなとき、右利きの人って平均して右足に体重をかけて立っている。体を右に傾けながらね。しかし恐らく本人は真っすぐ立っているつもりだと思うんです。ところが、実際は違っている。

じゃ、どうやって真っすぐ立っていることを確認するかというと、ぼくの場合は左足に体重をかけて立つことなんです。左足に体重をかけてはじめて真っすぐ立った状態。これが得られるんです。

頭にしてもそうです。ぼくの頭は放っておくと右にかしぐ。何かの拍子にふと気がつくと、頭が右にちょっと傾いているわけです。もとよりこれは、意識的に右にかしがせているわけではないんですよ。自然にそうなってしまっているんです。ところがそれを真っすぐにしたとすると、自分の垂直というか、真っすぐの軸に対して左に傾いているような感じがしてしまう。しかし、それで真っすぐな状態なんです。

腕を組む場合でも、右腕を左腕の下に組むと体は右にかしぎやすい。しかし、右腕を上にして組むと割合真っすぐの状態が保てます。

◉

このように、いま自分のある状態を検証する方法はどこにでも転がっています。しかし、それを持っている人は非常に少ない。いま自分は真っすぐに立っているな、ということを検証する術を持たない人が、アドレスで真っすぐに構えられるとはとても思えません。

アドレスで真っすぐ構えるには、やはり普段から真っすぐに立つ訓練をする必要があると思いますね。真っすぐに立った状態は鏡で確認できることでしょう。で、そのときの感覚を、折あるごとに確かめてみる。さきほど例として挙げた信号待ちするときとか、電車を待つときとか、確認する手立てはいくらでもあります。

そうやって訓練してはじめてアドレスのときにスッと真っすぐ構えることができるようになる。それをそのような訓練なしに、アドレスで急に真っすぐ構えるといっても無理な相談ですよ。

このようなことは早く見抜いたほうがいいと思いますね。ゴルフを長年やっているとそれが染みついて、拭い去りがたくなることも多いんです。これが一番いけないことですね。ゴルフの上達を阻む原因になるものですから、早く取り払わないといけないと思います。

この染みつくものというのは、どのクラスにもある。それはもういっぱいありますよ。ぼくは、シングル入りするまで3年弱かかっていますが、その間に染みついたものがいろいろあって、大変な思いをしたことがあるんです。

そのひとつは、スライスが真っすぐに見えるということ。ぼくのボールは右に曲がる。とにかく右にしか曲がらない。左へ行くということが全然ないんですね。普通の人が150ヤードの距離を7番アイアンで打つところを、ぼくは5番で打っても届かないくらい。で、右に曲がるのがだいたい自分の真っすぐに近い視線に近づいたとき、つまり、ボールがやや右に曲がるというのが自分にとって真っすぐだなと思えるときがあるわけです。

しかし、これは錯覚なんですね。実際にボールは右に曲がっているわけですから。ところが、曲がっているけれども自分なりの真っすぐ。そうすると、飛球直線というものに対して間違った視覚ができ上がるわけです。するとパットのラインも全部スライスに見えてくる。真っすぐなラインでもスライスで入っちゃうとかね。

◉

こういうことが一番恐ろしいんです。自分は真っすぐだと思っても、人から見ると曲がっている。それに本人が気がつくか気がつかないか。気がつかなければ、要するに真っすぐというものがなくなるわけですから、すべてのショットからパットに至るまでがゆがんでくる。こうなるともうゴルフにはなりませんね。とにかく曲がっているものが、その人にとっての真っすぐなんですから、どうしようもない。スライスしている人がちょっと真っすぐ打ったら「フックした」となるわけでしょ。で、このぐらいのことは日常茶飯事のようにあるんです。それに早く気がつくか気がつかないかによって、次が開けるか開けないかが決まってくる。

冒頭に挙げた飛球直線に対してスクェアな状態。これにしても自分ではスクェアに構えているつもりでも、人から見ると全然スクェアになっていないということがあるわけです。しかし本人にしてみればそれが本人のスクェアな状態だと思っているんですから、直そうとしない。するといつまでたっても上達しない。これに気がつくかどうかは、やはりその人が自分の本当のスクェアな状態を検証する方法を持っているかどうかにかかっていると思うわけですね。

自分がどのような状態にあるのかを確証する術を持つことは極めて重要なことなんです。そのことに早く気がついてもらいたい。ぼくはそう思います。検証する方法はいくらでも転がっているんですからね。早く見つければ早く上達できる糸口が見つかる。何事も検証、確認です。

第4話

センチミリミリの世界なんだ

林の中から脱出を試みて木に当てた経験が一度もない、その理由は

ぼくは子供の頃、体が弱かった。医者がいくら診ても結論が出せないわけです。脳の血管が細かったみたいですね。お茶をすごく飲まされました。要するに血管が細いために、酸素を吸収する能力が少ないんでしょう、閉め切った部屋にいたら、30分もしないうちに頭が痛くなる。

それに、胃も弱いから、胃ケイレンを週に1回から2回はやりましたね。玉子を食べるとジンマシンが出る。サバなんか見たらイチコロ。当時は見ただけでもうジンマシンができるんですよ。どうしようもないんです。そんな状態でした、小学生の頃は。

結局、医者が結論出せなくて、何やったらいいかっていったら、まあ歩くのが一番いいでしょうなあってなったらしいんです。これがゴルフの始まりなんですよ。4年生の頃ですね。当時、オヤジがゴルフをやっていましたから、オヤジの後について行って。そのうちオヤジの道具をかついでね。「ついてこい」「ハイハイ」てなもんですよ。

中学に入って、少しアレルギー体質がとれたのかな。それ以後は病気らしい病気もなく、ずいぶん体が良くなりました。ゴルフをやってなかったら死んでたでしょうね。ほんとうに。ゴルフさまさまです。

このような体の弱さが、ぼくのゴルフに対する発想に少なからず影響を与えていると思います。

たとえば、ぼくはボールが飛ばない。さりとて、体を鍛えて何十ヤードも飛ばせるようにしようとは思わなかった。これは体を鍛えてもボールが飛ぶようになるとは思わなかったということでもありますね。恐らく鍛えている間に体を壊すか、上下のバランスを崩すか、別の世界が開けちゃうんじゃないかっていう、そっちの恐怖のほうが大きかった。

またぼくの現役時代、というとおよそ30年くらい前になりますが、ボールをフェースのセンターでとらえる確率がものすごく低かった。それまでやった20年間のゴルフ時間のうち、フェースのセンターでボールをとらえている時間は半年あったらいいほうじゃないですかね。とにかく、ファイバー（注／パーシモンウッドのフェースインサート）から外れることはないけど、まず絶対的にヒール寄りに当たるわけ。スウィングがおかしかったんだろうなということは分かるけれども、ハッキリは分からない。

結果的に、そこに当たっていたからスライスという安全なボールになって、無事だったとはいうものの、しかしそれはやはり本当ではないんじゃないかなって思うわけです。要するに感覚が悪いんです。だから、それに対してずっと不満を持っていた。もう、大不満。しかし直らないわけね。なぜだか分からないけど。

ぼくのティショットの音って、ホント、いい音しないんだもの。いまだにあんまりしないけどね。だから、みんないい球打つなって、本当にうらやましかった。

◉

スウィングも決していいスウィングではない。だからよくいわれましたよ。「なんだ中部、そんな変なスウィングして」って。しかしぼくにはこれしかできないんだから、ね。「それはアナタのように上手で綺麗なスウィングをしたいし、ボールをセンターでとらえて遠くへ飛ばしたいとは思う。しかしできないものはできないんだ」ってね。

いや、やればできるかもしれないけど、やり始めたらそれから何年か先まではゴルフにならないわけでしょ。スウィングを変えるんですから。で、スウィングを変えて、それまでのゴルフのイメージが崩れたら、もうダメです。これは頑固なんじゃなくて、要するに怖いんですよ。

グリップひとついじっただけで、真っすぐに握っていた右手をちょっと被せるとか開くとか、たったそれだけでもソケット（シャンク）が何十発って出るんですからね。無意識のうちに、自分では真っすぐに握っているつもりなのにだんだんと被ってきたり。で、ボールの曲がり方が強くなったりね。なんでこんなに強くなるんだろうかと。ほんと、センチミリミリの世界なんですよ、これは。しかしこれが分からない。それが練習に行って、ちょっとグリップを握ってみて、あれっ、ちょっと違うな、これが原因だったのかって、この繰り返しなんですよね、ゴルフって。

だから、怖い。

この怖さが、ぼくに慎重なゴルフ、石橋を叩いて渡るゴルフをさせているんだと思います。このへんが体の弱さからきてるんじゃないでしょうか。よくは分かりませんが、その可能性は高いと思います。ショットの確率を計算したり、いま自分がどのような状態にあるのか、それを検証する術《すべ》を模索したりというのは、みなこの慎重さのなせるワザなんですね。

◉

ぼくは林の中から脱出を試みて、ボールを木に当てたという経験が一度もありません。これは全くない。木と木の間を狙って、どっちかの木に当てたっていう失敗はしたことがない。このことに触れると、口の悪い人は「異常なんじゃないですか」なんていいますが、これはどうなんでしょうか。ぼくは林の中からボールを脱出させるとき、ここなら絶対に安全に出せるという空間を狙って打ちます。そこがたとえグリーンから遠くなろうとも、ね。だからボールを木に当てない。

しかし、林の中で木に当てた経験のあるゴルファーは、そのときのシーンを思い出すと分かると思いますが、脱出するときに〝できるだけグリーンに近いところの広いところ〟を狙っていると思う。欲があるんですよ。だから木に当てるわけです。

グリーン近くにボールを運べば運ぶほど後の処理が楽になるということなんでしょうが、しかし考えてみなさい。それはあくまでも林の中からうまくボールを脱出させられた後の話なわけでしょう。もし失敗したら木に当たってもっと林の奥に入るかもしれない、最悪の場合はOBまではね返ることだって考えられるわけです。そうなったとき、ああやっぱり狙うんじゃなかった、と考えるわけでしょう。だったら初めから狙わなければいいんです。安全に、確実にボールを出せる、広く開いているところを狙って打てばいいんです。どうしてそれをやらないんだ、って僕は思う。

できるだけグリーンに近いところに出したいと思うのは、これは誰だって同じです。みなそうなんです。ぼくも含めてね。しかし失敗したときのことを考えるとぼくにはできない。ここなら絶対に出せるというところをまず捜し、そしてそこを狙って慎重に打ちます。結果的にこのことが木に当てないことであり、またスコアをまとめることにつながっていく。

で、容易に脱出させられるところを狙ったからといって、危険を冒してまで狙ったところを比べてみると、グリーンまでの距離に大差はないんです。そういう場合が多い。わずか3ヤードか5ヤードかね、せいぜいその程度のものでしょう。

そのぐらいの距離だけグリーンに近づけたからといって、次のショットでグリーンに乗せられるかというと、そういう保証は何もない。だったらとりあえず安全に出せる場所を捜して確実に出そうと何故考えないのか。そう考えるだけでスコアは全然違ってきます。

第5話

無駄な球数で妥協していないか

自分なりに制約を取り除く方法を考え出すのが練習の真の目的です

人は精神的な制約が加わると思い切って体を動かすことができない。そのために肝心なところでミスショットを出してしまう。だから上達するためには制約を加えるものを取り去って、心を平静に、おだやかに保つ術《すべ》を考えなさい、鍛錬しなさいと話しましたが、このようなことは練習場でもやれることなんですね。

たとえば練習をひとしきりこなして、最後に10個のボールを残して、その10個を同じところに落とす練習をやる。10個とも狙ったところに落ちればそこで練習はおしまい。ところが、9個目まではキチンと狙ったところに行くんです。しかし10個目になると行かない。10個目のボールに構えたときに、気持ちが変わってしまうんですよ。10個という具合に数を決めたからなんでしょうが、10個目になると必ず打てなくなる。

このようなときには「今日の練習はこの1発でおしまい」って、軽く打てば恐らくうまくいくでしょう。しかし試合中のことを想定して、これが勝ち負けを分ける最後の1発だって考えながら打つと、絶対にうまくいかない。何なんだろうこれは、って思ってしまいますね。

10個という数がいけないのかどうか分かりませんが、しかし〝最後の1発〟というのはひとつの制約ですよね。そういう制約が加わると、人間って弱いんだなって思います。

よく練習場ではうまく打てるのにコースに出ると打てなくなる人がいる。これは練習場のように同じ場所でボールを打っていれば、そのうち体が馴れてくるわけですから、当たるようになるということの他に、練習場は何の制約も生まれてこない場所だからに他なりませんね。練習場でミスしようが何しようが、それによってスコアが悪くなるわけではないし、ましてや、優勝を逃すわけでもない。だから安心して打てるわけです。これが、結果的にナイスショットになる。

　しかしコースに出ると、練習場では味わわなかった様々な制約が生まれてくる。アイツに勝ちたいとか、優勝したいとか、このホールはバーディをとりたいとか、バンカー越えでピンそばに寄せたいとか、これはもうありとあらゆる、数え切れないぐらいの制約がそのショットごとに出てくる。そのようなときにその制約を取り除いて、心を平静に保たせる術を持っていなければ、その制約に負けてミスショットが出ることは、目に見えています。ところが、ゴルファーのほとんどは心を平静にさせるための訓練を行っていない。だから練習場ではナイスショットが出るのに、コースに出ると人が変わったようなショットを出してしまうのは、当然といえば当然なんですね。

　ゴルフは、その80パーセント以上が、メンタルのゲームであるといわれていますが、まさにそのとおりなんです。それを練習場でどうして訓練しないのか。打席のまわりにボールを山積みして、数をこなすだけの練習。見ていると、次から次とボールを打って、まるで機械化しちゃってます。そのような練習をして果たしてうまくなるのかなって、正直ぼくはそう思いますね。漫然とボールを打つのが一番いけないと思う。

　もちろん、上手にボールを打てるようになるには体が馴染まなくちゃいけないということはあります。そのためにボールをたくさん打てばいいんですが、それもある程度自分なりの理論立ったものを持って、そのうえで行うならばいい。しかし普通のサラリーマンの人たちは、ボールを打つ絶対数が少ない。週に1回とか2回とか、2時間ぐらい練習場に行って練習するわけでしょ。これではあまり効果が現れないんじゃないかなって気がします。

だったら、そのような無駄というかボールを打つだけの練習よりは、心を平静に保たせるための練習をしたほうがはるかに効果的だと思う。

◉

冒頭で触れた10発のボールを狙ったところに落とすという練習。この練習もただ10発打つだけというんじゃなくて、たとえばこのあいだのコンペで非常に口惜しい思いをした。何番ホールでこの道具を使ってグリーンを狙ったら、すごいフックを出してボールが崖下に転がって、そこで大叩きをした。そのために優勝を逃してしまった。口惜しかった、とかね。それを再現させながら練習すればいいんです。

あのときは確かグリーンまで150ヤードあったぞ。道具は5番アイアンだったな、というならば、150ヤード先に目標を決めて、5番アイアンでボールを打ってみるんです。1発目、うまくいった。で、どんどん打っていって最後の10発目。これがうまく打てない。これをうまく狙ったところに打つためにはどうすればいいのか。このとき、考え方を広げて、最後の10発目を最後だと思わない方法がとれればうまくいく可能性はあるわけです。最後の10発目だと思うから制約が生まれて失敗するんですから、そう思わなければ制約も生まれないだろうし、そうすればうまく打てる可能性が出てくる。

これは考え方の問題ですから、そのような方法を会得することは練習場でもできる。たとえばその方法としては、9発目までは一所懸命狙ったところに落とすことを考えて、10発目はそのようなことを全部忘れて別のことを考えるとかね。自分の彼女のことを考えてみるのもいいと思います。もちろんこれはたとえばの話であって、ぼくのことではありませんよ。たとえば彼女のことを考えることによって気持ちが安らぐならばそれでも構わないということ。

◉

このような方法は自分にしか分からない。だから自分なりに制約を取り除く方法を考え出すことです。このへんが練習の面白いところでもあり、また上達する方法のひとつだと思いますね。練習場ではそういう訓練をする。訓練していけば必ずその方法は見つけ出せると思う。

しかしこれをゴルファーはなかなかやりませんね。それは何故かというと自分を試すことになるからでしょう。いい換えればショットに対する精度を正しく理解していないことを知るのが怖い。だからゴルファーはボールを10発打ったとして、5発ぐらいそこそこの当たりをした、2発はナイスショット、そして3発は完全なミスショットだったとしても、まああの当たりだったなって納得してしまうんですよ。大雑把というか、一種の妥協ですね。

練習場に、自分の一番嫌いな道具を1本だけ持っていって練習する人って、ほとんどいない。やはりこれも本当の自分を知るのがイヤなんだろうし、またミスショットばかり出して不愉快な思いをしたくないということもあるでしょう。しかしそれでいながらその道具を絶対ゴルフ場に持っていかないかというと、これは、持っていくんですよ。嫌いな道具だったら持っていかなくてもいいように思うんですが、そうではない。嫌いな道具を早くマスターしたほうがうんとハンディキャップは減るはずなんです。しかしこれも実行しているゴルファーっていませんね。

練習場では、ただ闇雲にボールを打てばいいというものではありません。それなりに工夫しながら、上達に結びつく練習をすることです。そうでなければ練習に費やした時間が実にもったいないではないですか。

第6話
上達を阻むもの、要するに虚栄

人より飛ばない、見てくれが悪いなんてスコアとは何の関係もない

ボールを飛ばそうとすること。

人より遠くへ飛ばしたいと願うのは、特に力のない日本人の特性じゃないかなって思います。これはやはり農耕民族ゆえなんですよ。だから体の強い人とか遠くへ飛ばす人に対して非常なあこがれを持つ。で、自分も何とか飛ばしたいと思う。これは悪いことではありません。

しかし、現実に、人より飛ばそうとして崩れ去った人がたくさんいるわけです。これは日本アマに出場するようなレベルの高い人たちの中にもいる。実に悲しいことだ

と思いますね。

ではなぜ悲しいか。それは、ボールを飛ばすために体の構造から何から変えて、その結果飛ばすようになったとして、以前と同じ精神状態を保てるのかどうかということを考えてみれば分かることです。たとえば、それまでドライバーを230ヤード飛ばしていたとします。その人が260ヤード飛ばしたいと。それでトレーニングをして、260ヤード飛ばせるようになった。すると、自ずとセカンドショットで持つクラブが変わってきますね。

150ヤードの距離を7番で打っていたのが、8番になり9番になるかもしれない。しかし距離は変わらない。それを、7番で打っていた時代と8番や9番で打つ時代とで、同じ精神状態で打てるかというと、決してそうはならないと思う。というのは、今度は力に頼って飛ばしているわけですからね。となると、同じ精神状態ではとても打てないと思うわけです。

すると、自分のゴルフの環境がえらく変わってくる。ゴルフの組み立ても何もかもが崩れて、別のものになっちゃいますね。もっとも現実に30ヤードも伸びるということはないでしょうが、もしそうなったら、すべてが変わってしまうんですよ。

またボールが飛ぶようになると曲がり始めます。すると、230ヤード飛ばしていた時代には気にしていなかったことが、260ヤード飛ばすことによって頭をもたげてくるでしょ。曲がることに対する恐怖心が出てきてしまう。じゃ、それを矯正して、曲がらないようにするためにはどうしたらいいかってなると、結果的に235ヤードだったら曲がらないってね。もしそうなったとしたら、いままで何をやってきたのかということになりませんか。わずか5ヤードのために、一体どれだけトレーニングを積んできたんだと。

このように考えれば、急にボールを飛ばそうと考えることは、ぼくにいわせればナンセンスなことなんです。そういうことに着目すること自体、そういう発想に及ぶこと自体、ぼくは非常に悲しい。飛距離が伸びたからといって、スコアが必ず5つ良くなるなんて保証はどこにもありませんからね。かえって、悪くなる保証はいくらでもありますけれども。そう考えたら飛ばすことに対してそんなに汲々とすることはないじゃないか、という発想がなぜ生まれてこないのか。このへんにもまた上達を阻むものが潜んでいます。

◉

要するに、虚栄。人より飛ばしたいと思うのは虚栄なんです。つきつめていくと、そこに落ち着きます。ショートホールで相手が何番を持って打ったか。ゴルファーの多くは多分、気にするでしょう。よし、アイツが5番ならオレは6番で打ってやろうとかね。何とか番手の小さいクラブで打って、相手より飛ぶことを印象づけたい。しかし、人より短いクラブを力一杯振って、それで得た結果が相手よりもいいスコアになっているかというと決してそうではない。かえってボールを曲げて、大叩きすることだってあるわけです。

こういう虚栄は、絶対的に上達を邪魔しますね。だからいかにしてこの虚栄を取り去るかによって、上達もすればそのままで終わりもする。で、このような虚栄は普通の社会人ゴルファーほど強い。そう感じます。これはラウンドする回数が少ないからなんでしょうが、格好良く、きれいに、いいスコアでと、そう願いながらプレーしているように思います。しかし、そう願えば願うほど、願いどおりにならない。

ボールなんて、人より飛ばなくても構わないと思うんです。ゴルフゲームというのは、上がっていくつの遊びなんですから、飛ばないことを気にすることはひとつもありません。要するにスコアが良ければいいんです。

たとえばティショットをバッフィ（4番ウッド）で打って、ちゃんと真っすぐ飛んだと。次に打ったらチョロだった。ところが、その次のショットがナイスショットしてグリーンに乗った。しかし、ピンまで10メートルぐらいある。それを打ったら入ってしまった。これでパーがとれた。見た目には確かに格好いいパーとはいえないかもしれない。しかしスコアカードに4と書くときに、これはチョロをやったり、まぐれでパットが入ったからといって〝汚い4〟とは書かないでしょ。これは絶対に書きませんね。汚いパーだったから4ではなく5とか6とかね。

だったら、見てくれなんか気にしても仕様がないと思う。どうも数字を形成している内容についての偏見が強すぎるんですよ。1ホールで2回や3回のミスショットが続いてもおかしくないようなゴルファーがプレーしていることなんですから、格好の悪いパーをとって当たり前なんです。それなのに見てくれを気にしてプレーするから、しなくてもいいミスショットを出してしまう。

◉

ドライバーが苦手だというんなら、ドライバーを使わなければいいんです。これは恥でも何でもないことです。ドライバーを使うとしょっちゅうミスを出すという人が、ドライバーを使う理由はありません。そこまで飛距離を求める理由はないんですよ。ドライバーが苦手ならばバッフィという道具もある。もし、バッフィならば打てるというのであれば、これを使えばいい。そのほうが結果的に飛距離は得られるんです。

これが何故かは確率を考えれば分かることですね。ドライバーは右に曲がったり左に曲がったり、あるいはチョロも出る。これを全部トータルして平均飛距離を割り出してみたら、驚くほど出ていないと思う。しかし打てるバッフィならば、確かにナイスショットしたときの飛距離はドライバーに負けますが、平均すればバッフィのほうが出ている。これは出ているはずなんです。それだけ打てるクラブなんですからね。

ところがこのようなことを実践している人は非常に少ない。ティショットでバッフィを使うことが恥だと思っていますから。それで、あえて苦手なドライバーを持ってしまう。これも虚栄です。虚栄以外の何物でもない。

そういうものをなくすにはやはり心の訓練というものが必要になってきます。ぼくが何度も口にすることですが、虚栄に克つには心の訓練以外にないんです。で、克つための訓練としては、とりあえずバッフィを持ってティショットを打ってみる。これはひとつの例ですが、そうやって実践を重ねていくこと以外にないと思う。もしそれすら出来ないというのであれば、上達することはあきらめざるを得ないんじゃないかなって気がします。

人より飛距離が出ない、見てくれが悪いということは、スコアの形成とは何のかかわりもないことを、とりあえず伝えておきます。

第7話

1打に感謝する気持ちがあるか

ミスして当たり前のゴルファーが叩いて腹を立てるのは生意気です

前項に続いて、見てくれのいいゴルフの話。

恰好いいゴルフをすることを多くのゴルファーが望んでいるけれども、それはいうならば虚栄のなせるワザであること。またそれによってゴルフの上達が阻まれることについて触れました。ここではもう少し具体的な状況を出して、見てくれの良さが好スコアに結びつかないことをダメ押ししましょう。

グリーンの手前に、バンカーがある。で、ピンはバンカー寄りのところに立っているとします。距離は70～80ヤード。使うクラブは9番アイアンかピッチングウェッジか。そのような状況でのアプローチショットを頭に描いてみて下さい。ゴルフ場ではよく遭遇する状況ですね。この状況でゴルファーはどこにボールを止めることを想定するかというと、これはピンの手前だろうと思うんです。100人に聞いたら、多分99人までは手前がいいって答えるはずなんですね。

なぜそのような答えをするかというと、恐らく「ピン奥に止めると下りのパットが残るから」とか「手前に落とせばピンに近づいていくけれども、奥に落とせば遠くになっていくから」ということだと思うんです。しかし下りのパットが残るといったって、ボールに触れただけでグリーンエッジまで転がってしまうような傾斜がついているわけじゃない。また奥に転がっていくといっても、だいたいグリーンは奥が上がった受けグリーンがほとんどですから、それほど転がっていかないわけですよ。奥へ下っているグリーンなんて、ほとんどありません。ぼくが知っているのでも1個か2個ぐらいしかないでしょう。にもかかわらず転がっていくって考えること自体、ぼくにいわせれば間違っているわけです。

バンカーが手前にあって、ピンがバンカー寄りに切ってある状況というのは、ピンの手前を狙うにはあまりにも難しい状況です。下手をすればバンカーに入るし、入れば目玉になることが容易に察せられるんですから難しいですよ、これは。ロフトの多い道具を使っていればボールは高く上がっていきます。それでバンカーに入ると、だいたいは落下の勢いで目玉になってしまう。そうなると、パーをとれるチャンスって非常に少なくなる。良くてボギー。せいぜいがそんなところです。

このことを考えたら、ピンの手前に落とそうなんてことはとても怖くて考えられない。ちょっと何かが狂ってショートでもしたらボギーが必至なんでしょ。なぜそのようなリスクを負わなくちゃいけないのか。それを平気で、ピンの手前を狙うという人の心理がぼくには不思議でたまりません。

ピンに向かって強い下り傾斜になっているわけではない。また奥に下っているわけでもない。だったら、たとえばピンの手前1メートルに落とそうがピン奥1メートルに落とそうが同じことじゃないですか。またピンの右でも左でも一緒でしょ。それをどうしてピンの手前という一番難しいところを狙うのか。ピンの奥であっても、グリーンに乗ってさえいれば、パットが入る可能性はあるし、それならばパーはかたいわけですね。

確かに、見てくれは悪いかもしれませんよ。みなさんのいう発想からすればね。しかし、それがスコアをまとめることにつながるんです。ピン奥にボールを止めても、それでパーがとれれば、これは素晴らしいことです。それを汚いとする発想がぼくには理解できません。現実に〝汚い4〟なんてスコアカードに書かないわけでしょ。ピン手前に止めてパーをとったからといって〝きれいな4〟とは書かないんでしょ。だったらスコアを形成する過程なんて、ちっとも問題にすべきことじゃないじゃないですか。どうも観念的というか概念的というかね、そういうものにとらわれて、見てくれのいいゴルフをしようとする傾向が強すぎるんじゃないかなって思いますね。

このように、スコアを乱すとか、うまくまとめられない条件というのは随所に転がっています。それをひとつでもふたつでも取り去ってやれば、ただそれだけでいいスコアが出せるし上手になれる。このことに早く気づいてもらいたい。

◉

だいたいがスコアというものは、見てくれの悪いものの上に成り立っているものなんです。自分がつくっているスコア。それは決してナイスショットによって形成されているものではないんですよ。人それぞれに見た目にはいいショットに見えたかも知れないけれども、内容的に本人が満足しているかどうかとなると非常に疑問があるわけです。

チョロをやったり、自分のイメージとちょっと違うところにボールが飛んでいったとか、あるいは結果オーライでいいところに転がっていったりね。そういう積み重ねによってスコアは成り立っているんです。このことは自分のゴルフを振り返ってみればよく分かるところでしょう。

これはあまりにも変に聞こえるのでこれまで言わなかったことなんですが、感謝する気持ち、これを持っているゴルファーって少ないですね。ミスを重ねた上で、たとえばスコアが7で収まった。「ああ、よく7で収まったな」という感謝の気持ち。これが無さすぎるような気がするんです。

7打目のパットが2メートルぐらい残っていて、しかも難しいラインだということがありますね。で、それが外れたら8。スリーパットしたら9。ところがそれがポンと入った。7で収まった。これはありがたい。ありがとう。そういう感謝の気持ち。ちょっと何とかめいていますけどね、「よく7で済んでくれた」という気持ちを持つことは大事ですね。

多分、多くのゴルファーはミドルホールなんかで7も叩くと、「なに、トリプル？

チクショー」って気持ちになるんじゃないでしょうか。言い過ぎになると思いますが、そういう気持ちを持つのはハッキリ言って、生意気です。少なくともミスしておかしくないゴルファーなんです。そのようなゴルファーがたとえパー4のホールで3つ多く叩いたからといって、腹を立てることはない。感謝しこそすれね。これも虚栄や見栄といったものが心の中にあるからでしょう。虚栄の心があるから感謝する気持ちが生まれてこない。そう思います。

◉

感謝するっていったら、だいたいこのようなケースが多いんです。スコアを争っていて、その相手がスリーパットをした。「ああ、お前よくスリーパットをしてくれたな。ありがとう」ってね。これは心の中で、よくあるでしょ。しかしこれは本当の感謝じゃない。いつわりの感謝。

で、本当に感謝する気持ちがあると、たとえミスしてもそれほど腹は立たないものなんです。大叩きすると次のホールでもミスショットが出て大叩きするっていうケースがよくありますが、それはやはり「チクショー」っていう気持ちがあるから頭にカーッと血がのぼって、冷静な状況判断ができなくなるからでしょ。それはチクショーっていう気持ちが強ければ強いほど頭に血がのぼります。そしてミスを重ねてしまう。こういう悪循環。これは早く断ち切らないといけません。

ズルズル引きずっていると、いつまでたってもいいスコアで上がれない。このへんのことは次も続けて触れます。

第8話　悔やんでスコアが良くなるのか

ミスしたら素早く気持ちを切り換え、まず最悪の状況を想定すべし

ミスショットをして大叩きすると頭にカーッと血がのぼり、冷静な状況判断ができなくなる。そしてまた次のホールでミスを重ねてしまう。このような悪循環は早く断ち切らないといつまでたってもいいスコアで上がれない。大叩きしてもおかしくないゴルファーなら、ミドルホールで7を叩いても「よく7で収まってくれた」と感謝の気持ちを持つことが必要である。そしてそれがひとつの上達する道でもある——これが前項の内容でした。

実際、感謝する気持ちを持つということは、大変に大切なことです。

たとえばティショットでチョロをして20ヤードしか前に進まなかった。ここで多くのゴルファーは頭にカーッと血がのぼります。腹が立った状態はそうすぐにはおさまりませんね。ま、人それぞれでしょうが、おさまるまでには時間がかかる。ところが20ヤード先といったら、すぐにその場所に着いちゃうわけです。まだ腹立たしい気持ちがおさまる前に着いてしまう。

するとそこでどういうことが起きるかというと、「少しでも距離を稼いでやろう」とか「早くこのみじめな状況からのがれよう」といった心理状態に満たされて、冷静なクラブ選択はできないだろうし、もとより正しいアドレスをチェックする余裕など出てきませんね。要するにカオスの状態。混沌《こんとん》とした気持ちのままショットしてしまいますから、またそこでミスを繰り返してしまうわけです。

その前にもし「チョロだって前に飛んでくれてるんだから、それでいいじゃないか。前に進んでくれただけでありがたい」という気持ちが持てれば冷静になれる可能性がありますね。それこそ後ろに飛んでもらっては困るけれども、少なくとも前に飛んでいる限り、それだけ距離は短くなっています。20ヤードも飛べば、たとえば400ヤードのホールならば380ヤードに縮まっている。ありがたいことですよ、これは。

だいたいが失敗は付きものなんです。前項で触れたことですけれども、スコアというものはミスショットの上に成り立っている。ミスして当たり前。であるならば、当たり前のミスになぜ腹を立てる理由があるのか。20ヤードでも、フェアウェイをキープしていればありがたいことなんです。250ヤード飛んだけれども林の奥深いところに入ったというのよりはよほどいい。出口が無いような、木の密生した林がよくありますが、そういう林にボールを入れたら1回や2回では出せないでしょう。それよりチョロではあってもフェアウェイに残っていたほうがよほど次のショットが打ちやすいはずです。これを考えたら「フェアウェイをとらえてくれてありがとう」っていう気持ちを持ってしかるべきじゃないかって思うわけです。

感謝する気持ちは、ひとつの切り換えです。気持ちの切り換え。で、早く気持ちを切り換えられる人が悪循環を断ち切ることができる。ゴルフはこの断ち切りの早い人が早く上手になります。だいたいは気持ちを引きずったままホールを重ねていくことが多いですね。

◉

あれさえしなかったら、これさえしなかったらって悔やんでばかりいる人がいます。

そういう人に対してぼくは「じゃ、アナタね、何年悔やんでもいいけれども、悔やんだら8を叩いたスコアが7になり、7が6になって、6が5になるんですか」って聞いてみたい。これはどうしたってそうはなりません。ならばそういう悔やむ気持ちを早く断ち切れと、ぼくはそういいたい。

この未練がましい気持ちは、性格から引き出されるものではありません。誰の気持ちの中にもある。だから要するに訓練なんです。そういう気持ちを断ち切る訓練。訓練しないからいつまでも悔やむ気持ちが尾を引いてミスを繰り返す。実にもったいないことです。

こういうことがよくあると思います。朝一番のスタートで大叩きをしてしまった。たとえばミドルホールで4オンして3パットしたとしましょうか。それも短いパットを外して3パットしてしまったと。すると1日中それぐらいの短いパットが怖いわけです。また外れるんじゃないかと考えてしまうんですね。で、迷う。従って、何度も外す。結果、スコアが悪くなる。それで1日が終わるかという最終ホールでポンと入ったりする。このような経験を持っている人は多いと思います。

だいたい出だしが悪い場合って18番ホールはいいですね。これは立ち直るというか、吹っ切れるというか、最後にきてやっと決断が下せるようになったからです。するとこれは時間にして4時間から5時間ぐらいかかっていることになる。1番ホールから18番ホールまでまわり終えるのに、だいたいこれぐらいの時間がかかるわけですから。しかしこれでは遅いんです。これぐらいの時間待たなければ立ち直れないというんでは、ゴルフにはならないんですね。だから早く立ち直るきっかけを心の中でつかんでもらいたいと思うわけです。

それはひとつ感謝する気持ちでもいい。あるいは心の準備を整えておくということもひとつのいい方法になる。

またここで例を出しますが、ボールを林の中に入れたとしましょう。林に入れるということは、まず普通のドライバーの飛距離よりは出ていないはずです。ボールは曲がって飛んでいるんですから、その分だけ落ちているはずですね。ということは、ティグラウンドからそこまで歩いて行く時間が短いことになります。その短い時間にゴルファーは何を考えながらボールのところまで行くかというと、まず「いいところにあって欲しい」でしょ。スウィングができて、キチンとボールを打てるところ。次に「グリーン方向の木が空いていて欲しい」ですね。つまり願望ばかりなわけです。

ところが行ってみたらボールは木の下の根っ子のところにはさまっていて、とても打てる状態ではなかったと。これでゴルファーはショックを受ける。受けるともうその瞬間には冷静さが失われていますから、もうどうでもいいやっていう気持ちになって、いい加減なショットをしてしまうことは目に見えています。その結果はみなさんがよくご存知ですね。

◉

林の中にボールが入ったら、そこへ行くまでボールの状態や付近の状況は分からないものです。分からなければなぜまず悪い状態、状況を想定しないのか。しかも林の中は一般に雑草が生え、枯れ枝が落ち、木の根が張り出し、ところによっては地肌がムキ出しになって、それこそ何がとび出すか分からない場所です。それなのに願望ばかり抱いて来るから現実の状況とのギャップに驚いてどうしようかと迷ってしまう。で、迷ってカーッときてるうちにもすぐにボールを打たなければいけませんから、冷静な判断なんてとてもできる精神状態ではない。これではミスをしても当たり前ですね。

悪い状態のところにボールがあるんだという心の準備をなぜしておかないのか、これは実に不思議に思います。心の準備さえしておけば、ライの悪いところにボールがあっても驚くことはない。その場に行くまでに、もしこういう状況だったらこうやって処理しようという考えがすでに頭の中に入ってるわけですから、気持ちの上でも余裕をもってのぞめる。これがいい結果を生むことになるんです。

第9話

絶対にあきらめるな、捨てるな

ゴルフに対する執着心、スコアに対する執着心が打開策を生み出す

ゴルフに対する執着心、ないしは意欲。これが欠けているとゴルフは少しもうまくなりません。

たとえば朝一番のスタートホールで大叩きしてしまったと。すると、ゴルファーの多くは「今日はダメだ」って投げちゃいますね。実にもったいない。どうして「今日はダメ」なのか。何故たった1ホール、それもスタートしたばかりのホールで「ダメ」と決めてしまうのか。これが、ぼくにはよく分からない。

せいぜい叩いたとしてもトリプルボギーでしょ。ハンディ18の人だったら各ホール

に対してひとつずつハンディを持っているわけですから、ボギーがパーの計算です。ということはトリプルボギーといっても、その人のパーよりふたつ多く叩いただけじゃないですか。18ホールラウンドするならば、まだ17ホールも残っている。その17ホールのうちに、ひとつかふたつはパーをとれるチャンスがくるかもしれない。ハンディ18のゴルファーならば、その可能性が高いはずですね。であるならば、何故それを待たないのかということなんです。もしパーがふたつとれれば、それで凹凸はなくなるわけですから、立派にパープレーできることになる。

ハンディ18のゴルファーなら、パー72のコースで90。ところが、大叩きにくさって「今日はダメだ」ってあきらめてしまうと、こうはまとまりません。ここで、ゴルフに対する執着心や意欲といったものが問題になってくるわけです。

またこのようなこともよくありますね。難しいコースでラウンドしてちょっと叩いてしまったと。すると、「このコースは難しいから仕方ない」とか、「いつもはハーフ45ぐらいでまわれるのに今日は50ぐらい叩きそうだ」とかね。それで50を叩いて「ま、いいか」って。しかし、やはりそれではいけないわけです。何故そこで満足してしまうのかというと、執着心や意欲がないからでしょう。45というスコアに執着心を持っていれば、決して満足することはないはずなんです。ちょっと叩いても、絶対に40台でまとめようとする気持ちがあれば必死になるはずですね。

だいたいみなさんはハーフや1ホールのスコアよりも、目先の1打、2打で決まっちゃうことが多い。ティショットをチョロさせると、もうそれだけで「あ、これはボギーだな」って簡単にスコアの計算をしてしまいますね。決め付けちゃう。どうも余裕がなさすぎます。ティショットをチョロしたからといって、ボギーを叩くとは決まってないわけでしょ。2打目を打ったらこれがナイスショットになって、3打目でグリーンをとらえたと。距離はちょっとあるパットだけれどもそれを打ったら入ってしまった。これで4だと。こういうことだってあるんですから、決してあきらめてはいけないと思うわけです。

スコアの形成について、何度も触れていますが、汚い4であるとか、きれいな4だとか、またとんでもない4ね。このそれぞれ数字を形成している内容に違いはあるけれども、しかしやはり4は4であると。従って、パー4のホールなら4回打つまでは絶対にあきらめるな、捨てるなということなんです。これはとりもなおさず執着心であり、いいスコアで上がろうとする意欲の表れにほかなりません。

ハーフで40を叩くことは非常に恥ずかしい。これは現役で試合に出ていたときもそうですが、いまでもそう思います。だからいくらダブルボギーでスタートしても、何とか30台でまわろうって一生懸命やってましたね、ぼくは。

◉

話は少し外れますけれども、同じ失敗を何度も繰り返すということがよくあります。いい例として、ホームコースを持っているゴルファーの場合を挙げてみましょうか。だいたいホームコースを持っている人というのは、同じホールで同じような失敗を繰り返すことが多いものです。相性が悪いとでもいうんでしょうか、Aさんという人は、何番ホールに来ると必ずティショットを右側の斜面に打ってしまうとか、セカンドショットをグリーン左のバンカーに放り込んでしまうとかね。必ず、という言葉を付けると少々オーバーな表現になるかもしれませんが、それぐらいにミスがパターン化されるケースってあるわけです。

すると、何度か同じような失敗を同じホールで繰り返すうちに、ひとつの観念ができあがってしまう。「オレはあのホールに行くと、必ずあそこの斜面に打ってしまうんだよな」という観念。そして本人もまたその気になっちゃう。「また打ったら打ったでいいや。仕様がない」となるわけですね。すると、やっぱり同じホールで同じミスをやってしまう。

このようなことは、すぐに慢性化するというか、固まってしまう。悪いことはすぐに固まるんです。こうなるともう重症ですし、いつまでもそのホールでつまずいて、いいスコアで上がれないことになりますね。

これもひとつの執着でしょう。スコアに対する執着、自分のゴルフを向上させようとする執着。このような執着がないから仕様がないとあきらめてしまったり、相性が悪いで片づけてしまったりする。執着があれば、何故同じホールで同じようなミスを繰り返すのか、自分なりに分析すると思うんです。そのホールの形態はこうであって、自分のスウィングはこうであると。で、そのホールではいつもこのような考えでゲームプランを立てていくから失敗するんだ、とかですね。

分析して、自分なりの結論を出せば、じゃ今度はこういう考えで攻めてみようとか、いろいろ出てくると思うんです。打開策というか、ミスを繰り返さない方策が出てくるはずなんです。しかし、このような場合に何らかの方法を講じた人ってぼくは見たことがない。相変わらず同じような攻め方をして同じような失敗を繰り返している人ばかりですね。

一度固まったものは、それを打破するまでにずいぶん時間がかかるものです。それが定着し固まるまでの時間の3倍も4倍も時間がかかってしまう。だから固まる前に早いところ打開することが必要でしょう。しかし何故同じような失敗を繰り返すことになるのか、それを知らない人がほとんどです。このような場合に一番手っとり早いのは、道具を換えることではあるんですが。ドライバーで攻めていつもミスをするというのなら、スプーンやバッフィを使ってみる。ただこれだけで、繰り返していたミスがなくなることは十分に考えられることです。飛距離が出ないだけ、先程の例でいえば右の斜面まで飛んでいかなくなりますからね。

ドライバーを捨てることによって、同伴競技者が「そこまでしていいスコアで上がりたいのか」などといっても、これは完全に無視することです。そのような言葉などを気にしていたらいつまでたっても自分のゴルフが出来なくなってしまう。左右ＯＢのホールに出くわしたら、何も怖い思いまでしてドライバーを使う理由はひとつもない。怖かったら刻めばいいんです。そういうことを繰り返していくうちに、徐々に自分のゴルフが出来るようになってきます。考えながらゴルフをするということは大変に大切なことです。普段からそのような訓練をしていると、同じホールで同じミスを繰り返すこともなくなると思います。

第10話　体はスコアを保証してくれない

体調万全を期すよりも自分の中に制約を作らないことのほうが大事

心、技、体の体。

いうならばコンディション。体調。これはゴルフにずいぶん影響を与えるものです。ぼくがまだ現役で試合に出ていた頃、というと試合に勝とうという執着心を持っていた頃ですが、その頃は試合の前の晩に決して酒は呑まなかった。というのは、呑むとまずもって翌日、神経が鈍るって分かっていたからですね。だから呑まなかった。もちろん、前の晩にたくさん呑んでも翌日スッキリしていることもあるんですよ。しかしこれは呑んだ翌日になってみないと分からない。これはもう賭けなんです。

翌日、大きな試合を控えていて、今日は体調がいいから少し酒でも呑んでみようかと。明日に影響は出ないだろうって呑んでみたら、案に相違して出てしまった。もしそうなってしまったのでは困るわけです。ゴルフにならないですからね。だからぼくは、そういうリスクを冒してまで酒を呑むことをしなかった。第一、不安を感じながら酒を呑んでもおいしくありません。それより風呂にでもゆっくり浸かって、寝てしまうほうがずっといいという考えなんです。

このようなことは他にもたくさんあります。セックスの問題もそうですね。2日前がいいとか、前の日がいいとか、いろいろいう人がいますけれども、これなんかも体調のいいときと悪いときとでは翌日への影響が違ってくるでしょうし、人それぞれ、人によってみな違うと思うんです。

コンディションをベストの状態に持っていくにはどうしたらいいのか。その方法。これはどのスポーツ選手でも必ず持っているはずです。それを持たなければ長年にわたって上位のほうで活躍するなんて、とてもできないはずなんですね。こういう生活をしているとこういう体の調子になるから、これはやめたほうがいいとか、やったほうがいいとか、いろいろ考えているはずなんです。

酒だって、種類があるでしょ。ビールなら大丈夫だけれども日本酒は翌日に残るとか、ウイスキーはダメだけれどもウオッカなら平気だとかね、よくあるじゃないですか。こういうことはひとつの研究です。体調を整えるための研究。これはいろんなところに転がっている。それを経験則でつかんでおくということは大変に大切なことだと思います。

自分にとってあまりよくないと思えることはひとつひとつやめていくとか、で、いい結果が出れば次にまたやればいいし。試行錯誤というか、とりあえずやってみることです。そういうことをいろいろと調べておくと、わりとうまくいく可能性が出てきます。

◉

ただし一般のゴルファーは、あまりに万全の状態をつくり上げておくと、かえっていい結果が出にくいともいえると思うんです。コンペが近づいてきた。それ体調を整えろというんで体調を万全にした。コンペは明日。酒も呑まずに睡眠も十分にとって、疲れも感じない。ところがフタをあけてみたら少しも思うような結果が得られなかった。このようなことってよくあると思うんです。

これは何故かというと、万全であるために結果を見てしまうんですね。結果とは「優勝」というそれ。「これだけ万全なんだから優勝は間違いないだろう」。これで済めばまだしも、たいていは「優勝しなくちゃいけない」って思ってしまうんじゃないでしょうか。するともうそれだけで体の動きが鈍くなってきちゃいますね。鈍くなるから思い切ったショットが出来ない。その結果、思ってもいなかったような悪いスコアで上がってきたりするわけです。

ぼくの経験からいうと、勝ちたいと思って臨んだ試合はほとんど勝てなかった。「今度はいけそうだゾ」と思って勝てた試合って、本当に少ない。1試合か2試合か。その程度のものです。狙って勝っているように見えたという人もいますが、とてもそんなもんじゃない。しかし「じゃあお前の優勝はみなフロックなのか」といわれれば、「いや、そうじゃない」っていいたいんですが、しかしそういえるためにはあまりにも確率が低すぎます。

確率が低いのは、「勝ちたい」あるいは「いけそうだゾ」という気持ちがひとつの制約になるからですね。それが重荷になってくる。だから優勝を公言して、そのとおりの結果が出る人って極めて少ないでしょ。公言して勝ったら、それこそフロックじゃないかなって思うぐらい。前の晩に「オレはこの試合に優勝するゾ」って紙切れひとつに書いただけでもうそれが心理的負担になってしまうんですから、勝とうと思って勝てる試合って本当に少ないんです。

だから一般のゴルファーは、かえって体調を万全に整えておくってことをやらないほうがいいかもしれませんね。どこかで少しエクスキューズできる部分を残しておいたほうがいい結果が出やすいと思います。たとえばコンペの前の晩に二日酔いするぐらい酒を呑んで、「今日はもう二日酔いだから、ダメ」っていうようなエクスキューズがあったほうがうまくいくことが多い。もちろん、言葉どおりにダメになることも多いでしょうが、少なくとも体調を万全にして「優勝するゾ」って思う気持ちからくる制約がないだけうまくいく可能性があるはずですね。だからコンペの前だからといって特別変わったことをしないで、普段の生活の流れのままでいるのが一番いいと思います。その流れの中にコンペが介在するという感覚。

◉

このようなことを考えると、心、技、体の心の部分。これがスコアの行く末を握っているということがよく分かってきますね。３つのうちどれが優先するかはケース・

バイ・ケースで違ってきますから、どれとはいえないんですが、これまで触れてきたように、心を鍛えるのはなかなかに難しい。しかし鍛えられれば、それによって技が良くなることは十二分にありえますけれども、技を磨けば心も鍛えられるかというと、これは非常に大変であるということはいえると思います。

午前中のハーフを終わって、スコアが良かった。「おお、お前、優勝しそうだゾ」っていわれると何故、午後のスコアが悪くなってしまうのか。たった一言、人からそういわれただけでスコアが崩れてしまう。これは、安全にプレーして優勝を狙おうという気持ちが芽生えてきますから、そこでそれまで思い切りショットしていたのがだんだん軽く打って刻むようになるからでしょ。運動が阻害されるんです。軽く打つとボールは曲がりますね。曲がれば怖いですから、そこでもっと萎縮して、どんどん悪くなっていく。

午前のハーフで40が出た。そこでたとえば「お前、後半は45でいいゾ」っていわれたとします。午前より5個多く叩いていい状況。内心、「45なら軽い」と思いますね。ところが、スタートでボギーを叩いた。すると「あと4回しか失敗できない」って、たいていのゴルファーは思っちゃいます。余裕がなくなってしまったら、それ以後はいいゴルフなんてできません。

このような心の有り様は、技を磨いても解決のつけられるものではないでしょう。やはり心を鍛えあげるしかないと思う。体の話からいつしか心の話へと移ってきましたが、要するにそれだけ心は大きなウェートを占めるということなのです。

第11話 ミスを正す検証方法を持っているか

体調不振からくる感覚のズレを修正できれば泥沼に嵌《は》まらずにすむ

前項で触れた体調の話。この体調が思わしくないと、いろんなところにその影響が出てくるものです。

いい例がアドレスでしょうか。日によってスッと抵抗なく構えられるときがある。かと思えばいくら構え直しても何かスッキリしない。奥歯にモノがはさまっているような、いわばギコチなさ、これを感じてしっくり構えられないときがありますね。

そのようなときには、やはりショットも悪い。要するに決断が鈍るわけです。その前に判断力がなくなる。このようなことはホールを重ねて疲れが出てきたような場合に特に顕著でしょう。〃もうどうでもいいや〃という気持ちに流されて、スコアがメチャクチャになるという経験は、ゴルファーならたいてい持ってますね。

しかしこのように体調の悪いときでも、間違った構え方をしていることに対するチェック機能を持っていれば、救われる可能性が出てくる。つまり検証です。

たとえばパッティングのアドレス。調子のいいときにはパッと構えられますが、その日の体調や感じ方によってはクラブがやけに長く感じられることがある。そのようなときは恐らく疲れなどで体が前傾しすぎているのでしょうが、だからといって姿勢を起こせといってもそう簡単には起こせない。そこでどうするかというと、たいていのゴルファーは手元を動かして長さの調節を行っているんじゃないでしょうか。姿勢をそのままの状態にして、グリップの位置をいろいろと動かし、長さに対する違和感を取り除こうとするんだろうと思います。

しかし手元を動かしてしまったのでは、常に同じ構えでパッティングするということができなくなってしまいますね。体調というものは、そのときどきによって違ってくるわけですから、それに影響されてその都度構え方を変えるというか、それを強いられたのでは、いつまでも納得のいくパッティングができない。

では このようなときに、どうやったら構え方の間違いを間違いとして検証できるか。というと、パターヘッドのソール部分をピッタリと芝の上にくっ付けて構える。これが一番だろうと思うんです。ソールの全面を芝の上にくっ付けた状態というのは、いつの場合も変わらないものです。ソールを芝に付けることによって、シャフトの伸びてくる角度、方向といったものが一定になるはずですから、変わりようがないんです。

ところが、ゴルファーの中にはヘッドのトウ側を浮かして構えている人がいます。するとこれは、浮かしているだけに不安定な状態です。不安定だから、いつも同じように浮かしておくことができない。体調のいいときには、いい具合で浮かして構えることができるけれども、ちょっとでも体調がおかしくなると、トウ側がいつもより大きく浮いてみたり、逆に浮かせ方が小さくなってしまう。これはせいぜい何ミリかの差にすぎません。しかし、構えというのは感性の世界ですから、わずかミリ単位で変化してもしっくりと構えることができなくなるんです。

すると、もしそのように構えているゴルファーが正しい構え方の検証方法を持っていなければ、手元をいじったりして何とかしっくり構えられるように調節しようとすることは考えられますね。だけれども、結果は当然のことながら好転しない。

これに対して常にソールの全面を芝の上にくっ付けているゴルファーにはそのようなことがない。もちろん、体調によってシャフトがやたら立って見えたり、寝て見えたりということはあるんですよ。ただ、そうは見えても、ソールを付けている限り、シャフトの伸び具合、ということはグリップの位置が決まっているわけですから、修正の起点に帰っていくことができる。帰っていければ、体調の良し悪しとは無関係に、いつでも同じ構え方をとることができますね。そうなれば体調が悪いからスリーパット続出、などという事態は少なくとも避けられるはずなんです。

だからぼくは、パターを構えるときにはソールを全部芝の上にくっ付けなさい、そうやって練習しておけばパットの入る確率も高くなりますよといっているんですが、なかなか実行するゴルファーはいません。

◉

このような検証方法はパターに限らず、どのようなショットの場合にも持っているべきだと思う。ぼくの場合はクセとして、アドレスで頭が右にかしぎます。かしぎやすいんですよ。で、その度合がひどいときにはボールが低く右に出ていくんですね。

逆に立ってくると今度は左へ真っすぐ飛んでいく。思った角度よりも左へ真っすぐ行きます。

これも、何ら検証する術《すべ》を持っていなければ、何故ボールが右に飛び出したり左へ行ったりするのか分からないはずのものでしょう。分からなければ、その原因となるところ以外をいじってしまい、かえって泥沼に入り込むことは十分に考えられます。あるいは原因を見つけても、修正のための時間がかかる。

そうならないために、常に検証しながらアドレスを正しくしておくことは大変に重要なことだと思います。ミスが出たらどのような原因で出たのかもつかんでおく。これはゴルフの上達に対する執着心にかかわるところではあるんですが。

またぼくは体調が思わしくなかったり疲れが出てくると、右足がだんだん前に出て、体が開き気味になってくる。このほうが楽に構えられるからですね。で、右足の出る度合によって球質がどんどん変わってきます。それによって自分では真っすぐに構えているつもりでも、右足が出てるなって分かるようになっているわけです。ただそうやって前に出ている右足を元に戻して、飛球直線に対してスクェアにすると、自分としては大変クローズにしたような感じがするんです。つまり実際と自分の感覚との間にズレが出る。

しかしズレが出ても、自分の感覚のほうがおかしいわけですから、これは直さなくちゃいけない。そうすべきですね。それをやらないでそのまま流されてしまうと、ゴルフがメチャクチャになることが目に見えているんですから。何故かっていったら、右足が前に出てきたらボールの位置が正しい位置にセットされないからですよ。だんだん左にセットするようになってくる。そうなると、そのうちインパクトでクラブが届かなくなってきますから、合わせにいく打ち方になってしまいますね。だからどんどん悪くなっていく。

ただ先程触れたように、正しい構え方に直すと、違和感が生じる。これはどうしようもない。その場で直すことによってかえって悪い結果を招くこともあるわけです。そのようなときにはショットの後、両足の前にクラブを置いて、どういう立ち方をしていたかをまず確認することでしょう。その上で、自分としてはグリーンのセンターを向いているつもりが右を向いていたって分かれば、次のショットからはワンピンぐらい左を狙うつもりで構えればピンに真っすぐ飛んでいくんです。そういう感覚の日なんですね。これは否応がない。

　こういうことでもしないと、真っすぐ目標に向かってボールを飛ばすための検証方法を持っていないゴルファーは、その日一日不満足なゴルフをする羽目になってしまうわけです。これを考えると、検証方法を持つことは極めて大切ですね。

第12話 鍛錬について考えてみたことがあるか

さまざまな練習法や工夫をどこまで採り入れるかはあなた次第です

昔。まだぼくがゴルフに対して意欲を持っていた頃は、何をやるにしてもゴルフに結びつけるような生活をしていました。

たとえば階段を上がるときには、かかとを付けて上がる。このようにして上がると、運動量が倍ぐらい違うんです。普通はつま先だけでチョンチョンって上がりますね。つま先だけで上がったほうが足が鍛えられるように思っている人もいるかもしれませんが、これはかかとを付けて上がったほうが鍛えられる。楽に上がれるよりも、多少なりとも窮屈であるほうが、どこかに負担がかかるわけでしょ。負担がかかるということはそこが鍛錬されるんじゃないだろうかと。そういう考えでずいぶん前からやってました。

階段を1段ずつ飛ばして上がる。また会社やビルの中ではエレベーターやエスカレーターといったものを利用しないで、専《もっぱ》ら階段。こういうことが自然にこなせるようになればそれでいいんじゃないかなって思ってました。試合に勝ちたい。勝つためにはどれほどの持続力が必要であるかとか、練習時間をどれぐらいとらなければいけないかとか、いろいろなことを考え合わせ、必要に迫られた結果、何をやるにしてもゴルフに結びつけた生活になってしまったということでしょう。

左右のバランスを保つために歯ブラシを左手で使う。風呂桶でお湯をくみ出すときも使うのは左手。学校へ行くときの手提げカバンなんかももちろん左手で提げます。荷物をふたつ持つときには重いほうを左手で持って、軽いほうは右手です。とにかく何でも左。そうでもしなければ、左手なんて全然使わないんです。やはり利き手である右手を使ってしまいますね。

しかし利き手だけを使うというのは結果的にバランスが悪い。神経の働きにしても利き手のほうが進んでいるでしょうし、これがゴルフにも影響を与えるんじゃないかと。そのようなことで、よりバランスのとれた体をつくるためには意識して左手を使ったほうがいいだろうということなんです。これに関しては、〝絶対的に〟という言葉をつけてもいいぐらいに、まずもって左手を使ってきた。

東京オリンピックのときの東洋の魔女。いまとは違って無類の強さを誇っていたバレーボールチームでしたが、その監督だった大松博文さん。その頃、大松さんはよくいってましたね。「使われていないほうをよく使え」って。これに啓発されたっているうか、自分なりに「なるほど」と思ったものです。以来、必要であり、また有効であるであろうようなこと、要するに、いいとされることはできるだけ採り入れるようにしてきたつもりです。

ただ、どこまで採り入れるかは本人の勝手ですから、ぼくのように〝何をやるにしてもゴルフに結びつけた生活〟を強要するつもりは少しもありませんが、でも自分ではそのようなことをずっと続けてきた。酒を呑むときのグラスにしても、やっぱり持つのは左手。ただ試合に勝ちたいという意欲が無くなり、またそのような必要に迫られることのなくなったいまでは、一種のなごりのようなものになってはいるんですが。

◉

ぼくが練習をし始めたのは学校を出てからの昭和41年から。1日に6時間から8時間ぐらいボールを打ってました。昼から会社をサボってね、すごく練習した。もっとも、練習しなくちゃいけないなと思ったのは大学2年のときです。そういう気持ちになったのは、「こんなにお金を使ってやってるのにもったいない。どうせ使うならうまくなろう。うまくならないならやめてしまおう」って思ったからで、要するに金銭と結びついたときに初めて練習をやらなくちゃいけないって思ったわけです。

しかしこれはそのような考えが頭の中に芽生えたというだけであって、やっていたことといえば専ら玉突きばかり。1年から4年まで、ずうっとそればかりです。で、その合間合間に練習場に行ってゴルフの練習。とにかく玉突きに行っている時間のほうがはるかに長かった。ただし「あのときもっと練習していればよかったナ」とは思いませんよ。これは全然思わない。

ま、それはともかくとして、大学を出てからは練習もずいぶんやって、何をやるにしてもゴルフに結びつけるような生活。日常生活の中で常にゴルフのことが頭の中にあるなんて、いうならば一種のモノマニアです。これはやっぱり、何ていうか、ゴルフがうまくいかないと非常に落ち込んでしまうんです。「ああ、これしかオレにはないのに、これもダメなのか」って。それがあるんですね。

このへんは一般のゴルファーには理解しがたいところでしょう。悪いスコアを出せば確かに2~3日のあいだ気持ちがふさぎ込むということはあるでしょうが、強迫観念のようなものを感じることはありませんね。ここが試合に出て選手として上位に行きたいと願う人と、遊びでゴルフをやっている人との大きな違いだろうと思います。

◉

ところが遊びでゴルフをやっている人でも、ひとたびコンペやクラブ競技などに出るとその瞬間から競技ゴルファーに変じてしまう。そうするといろいろ策略をめぐらしたりして考え込み始めます。考え込めば、迷いも出てくるでしょう。迷えば決断もできなくなる。その結果、思い切った動きができず、中途半端な打ち方になって失敗――。このような図式が描かれることは前にも触れたことがあります。

策略は制約を生むんです。だから遊びのゴルフをやっている人は、そういう策略をめぐらしたりしてはいけないんですね。それさえなければ絶対的にうまくいく。これは間違いのないところなんです。

一例を挙げれば、14本のクラブを持たずに7本でラウンドしてみる。本数を半分にするだけですが、これだけでいい結果が得られるようになる。何故かというと、半分にすることによって選択の幅が狭められ、そのぶんだけ決断しやすくなるからです。5番で打とうか、7番で打とうかとなったら、もう迷うことはありませんね。7番じゃ距離的に届かないけれども5番じゃ大きい。このような状況だったら「7番で手前に刻もう」でしょ。5番を持ってグリーンオーバーさせてやろうなんて、これは絶対に考えない。

コースはその設計上、手前から攻めていったほうがいいようにできているんですから。ゴルフではグリーンオーバーは大禁物。だから7番か5番かとなったら、まずもって7番を持ちます。そうするとグリーンを狙うという制約からも解き放たれますから、普段よりリラックスして打つことができる。結果はナイスショットでしょう。ところが6番か7番かとなったら迷いが生じてしまいます。6番で軽く打つか7番で強く打つか。こうなると決断が鈍ってしまう。

ただしもちろん、これは遊びのゴルフをやっている人の場合であって、選手として上位に行きたいと願っている人は策略をめぐらしても制約を受けないような方策を考えるべきですね。その方策を持たない限り、やはり上位に行くことは極めて難しいといえるでしょう。冒頭で触れた〝ゴルフに結びつける生活〟も必要になるでしょう。どこまでそれを採り入れるかは本人次第ですが、少なくとも日本アマというような試合を目指す人ならば、それ相応の生活が必要なんじゃないかなって思います。

第13話　コースで効果の表れない練習なら不要

ショットの成否を見極めるガイドをつくるのが練習本来の目的です

練習の話。

以前、機械的にボールを打つだけの練習ならやらないほうがいい、時間の無駄であると書いたことがあります。ここではその続きを書いてみましょうか。

練習場でナイスショットを打っている人。このような人はたくさんいますが、あれは目標を決めて打っていない。もちろん全員がそうであるとはいいませんよ。いいませんが、だいたいはボールをどこに落とすかを決めていない。だからクラブが振り切れて、結果、うまくいく。そういうことだろうと思うんです。クラブを振り切ると、遠心力で軌道が修正されますね。手で細工できなくなるんです。だからボールが曲がらないで真っすぐ飛んでいく。

ところが「あそこに落とすゾ」って目標を決めて打つと、とたんに目標を外れてボールが飛び出す。これはなぜかというと、目標に真っすぐボールを飛ばすためには飛球直線に対してスクエアに立って、ボールの位置もキチンと決めて、っていう具合に、構えをしっかりさせなくちゃいけない。しかし正しく構えているという確信はなかなか持てません。だから思い切りクラブを振ることによってボールを曲げてはいけないという不安な気持ちがありますから、動きが鈍くなる。結果、クラブが振り切れない。ボールが目標から外れて飛んでいく――こういうことなんです。

目標を決めるということはひとつの制約です。で、構え方に対する不安もある。制約が加わり、不安な気持ちが芽生えれば、それだけで思いどおりのショットが出なくなることは何度もここで触れています。

アゲンスト・ザ・サン。これは逆光のことをいうんですが、逆光に向かってボールを打つと、順光のときよりも飛距離が落ちる。これはハッキリと落ちます。たとえば残り距離が100ヤードぴったり。この距離なら9番アイアンで必ず届くという確信を持っている人で、さらにゴルフの調子もいいという人。こういう人でやっとボールをグリーンに届かせられるぐらいでしょう。そういう人でもちょっと調子が悪いと、100ヤードもボールは飛んでくれません。これはやはり逆光という状態が人に不安を与えるためです。逆光のときには、目標がハッキリ見えませんね。見えないと不安でしょ。不安だからスウィングのスピードも鈍ってくるし、クラブを振り切ることができませんね。だから飛距離が順光のときより落ちるというのは当然のことではあるんです。

これは、不安を与える材料が増えればそれだけボールは飛ばないし曲がる原因をもつくるという一例ですが、同じように練習場でナイスショットを打っている人たちも目標を定めないからこそナイスショットが出るということなんです。で、目標を決めるとボールが曲がり始める。よく〝練習場シングル〟といわれて練習場ではうまく打てるのに、コースに出ると練習場の半分もナイスショットが出ないというのは、このようなことがあるからです。練習場で目標を決めないで打っていた人が、コースに出て急にピンを狙うといっても、それは無理な相談でしょう。普段の練習のときから、目標を決めて打つという制約を加えた状態で打っていない人が急にそれをやってもできるはずがないんです。だからボールを思いどおりに運べない。逆に目標を決めて打つことが非常に苦痛に感じたりする。

このようなことは普段からの積み重ねが大事です。練習場で練習するときには漠然と正面に向けてボールを打つだけじゃなく、右のほうにも打ってみる。また、左へも打ってみる。もちろん目標を決めてですよ。このようなことを繰り返し練習してさえいれば、コースに出てからも納得のいくショットが打てる可能性が出てきます。しかしこのような練習をしている人って、本当に少ない。単に機械的にボールを打って「真っすぐに飛んだからうれしい」では、その場限りになってしまいませんか。こういうマスターベーション的な練習なら、しないほうがいい。コースで効果の表れない練習なら、やる必要がないんです。

◉

これは一般のゴルファーに限りません。日本を代表するようなトップアマチュアといわれているような選手ですら、何のために練習しているのか理解に苦しむことが多い。

たとえば10発ボールを打ったうち3発は真っすぐに打てると。しかし4発は打てない。みんなは4発打っているのに何故自分は3発だけなんだろうか。あと1発。1発だけ数を増やしたい――このようなとき、数をひとつ増やすためにどうやったらいいのかという分析。あるいは探究心。ないしは執着する心。こういったものが感じられないわけです。

いいときはいいし、悪いときは悪い。調子良ければ優勝するし、悪ければ予選落ち。これは止むを得ないことだと。どうもそういう気持ちでいるらしいんですね。サラッと流れてしまうというか、要するに醒《さ》めている。軽い気持ちなんです。このような精神構造はぼくのような昔の人間からすれば理解の及ばないところですし、そういう軽さに触れると大変なショックを受けます。昔とは価値観がだいぶ違ってきているんだろうとは思います。

価値観が違えばゴルフに対して取り組む姿勢も違ってくるでしょう。だから好不調の波が激しくても割合平気でいられる。きのう80、今日68。あるいは午前のハーフが43、午後が31。これなら74で2オーバー。「だったらいいだろう」って感じ。しかし、これじゃあその人に対する可能性といったものは感じられません。我々からすればアテにできないということです。スコアをひとつでもふたつでも少なくとどめる訓練。

我慢するゴルフ。これができなくなったら、もうその人はおしまいでしょう。

◉

話がだいぶ横道に逸れましたが、要するに練習するには、ただ単にボールを打つだけでは無意味だということ。目標を決めて打ったほうがいい。あるいはミスショットが出たらなぜミスをしたのかを分析する。

で、ナイスショットが出たら、何故ナイスショットになったのかを考える。これをどんどん積み重ねていけば、どのような状態のときにミスショットが出やすくてナイスショットが出るのか、それが分かってくると思うんです。分かれば、それでひとつのガイドができることになりますから、ミスショットが出ても直しやすいですね。

ラウンド前に、コースの練習場でちょっとボールを打ってみる。そのときの球筋を見て、今日は調子のいいときよりボールが右に出ているから、多分ここが悪いんだろうと。で、悪いと思えるところを直して打ったら真っすぐ飛んだ。じゃ、ラウンド中はそのへんに気をつけよう。こうなれば簡単です。しかしそういう直すための手がかりが何もなければ、どこを直せばナイスショットが出るようになるのかが分からないわけですから、1日中不安なラウンドを強いられる。結果はスコアも思わしくない。

だから、そのようなガイドをつくるための練習ならばいくらやってもいい。そのための練習なら練習としての意味があります。そして早くガイドを捜す。それが上達への近道だと思います。

第14話　自分の技倆に見合った腹の立て方とは

偶然の結果に一喜一憂するよりも1メートルのパッティングが大事

腹を立てること。

ミスショットを出してカーッとする。これは、あまり性格には関係がないと思います。短気な性格だから腹が立ちやすく、のんきな性格だから腹が立たない、ということではないと思うんです。

ですから一般に短気な人はゴルフに向いていないといわれているようですが、短気だから上達しにくいとか、そういうことはないと思いますね。要するに「こんな失敗してなるものか」「もっと上手になりたい」っていう執着を持つか持たないか、これによって違ってくるんだろうと思うんです。いくら性格がのんびりしていても、腹が立って仕様がないってことがあるわけでしょ。

その腹立ちを外に向かって表現するしないは別として、失敗に対する口惜しさがあれば、誰だって腹が立つ。これは、悪いことではありません。もし失敗しても腹が立たないというのであれば、それはとりもなおさず「どうでもいい」ということなんですから。ここには上達しようという意欲もなければ、スコアに対する執着も見られません。

ただ、腹を立てるのはいいんですが、腹の立て方というものがあると思うんです。このへんの腹の立て方も、大いに問題のあるところなんですよ。ミスショットを出すたびに腹を立てるというのは、ちょっと行き過ぎでしょう。やはり自分の実力がどの程度であるかを正しく認識したうえで腹を立てるべきなんです。それならばいい。たとえば、失敗して当たり前っていう状況があるじゃないですか。

左足下がりの難しいライなんかそうでしょう。で、このような難しい状況で、その人の実力からすれば当然ダフリやトップが出るだろうと想像される状況。このような状況で、結果、やはり失敗したと。このときにその本人が「チクショー」って腹を立ても、これは仕様がないんです。その人にしてみれば、そういう難しいライから正しくボールを処理する技倆がないんですから。失敗して当たり前。その当たり前のことに腹を立てる理由なんて少しもありませんね。このような過剰な腹の立て方って、やはり良くないだろうと思います。

◉

もっといい例を挙げましょうか。パッティングです。よく「狙って入れた」っていいますけども、果たしてどれだけの人が「狙って入れている」のか、大いなる疑問だと思うんですよ。確かにボールをカップの中に入れるべく努力して、構えて打ってはいるんですが、その「狙って入れる」という言葉の意味合いね、これが曖昧《あいまい》すぎるような気がするんです。

たとえば10回打って1回しか入らないような確率の低いパッティングを「狙って入れた」とはいわないと思う。それは「たまたま入った」だけであって、偶然の結果に過ぎないいんじゃないかなって思うわけです。1回きりしか入らないものを、自分の実力として評価に入れるか、それともまぐれとしてとるのか。この違い。これが大きいんです。

「狙って入れた」というからには、ある程度の高い確率が必要でしょう。狙って入れられる距離といったら、ぼくの場合で30センチから40センチぐらいまでです。もちろん、1メートルの距離でも狙いますよ。狙いますけども、要するに、1メートルの距離っていったら外す確率も高い。高いからたとえ入ったとしても、それは「狙って入れた」とはいわないですね。

要するに確実に入るという、実力の範疇《はんちゅう》内の距離。この距離ならば「狙って入れた」という表現がふさわしいかもしれない。しかし、少なくとも10発打って1発しか入らないいんじゃ、それは「狙って入れた」うちには入らないと思うんです。

ちょっと言葉の遊びみたいで変ですが、そのへんをどのように自分で受けとめるか。その受けとめ方次第でゴルフに悪い影響を与えてしまったりするから、この問題は大きいんです。狙って入ればいい。しかし入らなかった場合、狙っているだけにショックが大きいわけでしょ。しかも、ワンパットで入るチャンスなんて滅多にないんですから、腹を立てることも多くなる。こうやってパッティングのたびに腹を立てていたんではゴルフにならないでしょう。

そのうち「今日はパットが入らない」からって構え方を変えてみたり、ストロークの方法を違えてみたりしても、そう簡単には入ってくれません。だから自分の技倆に見合った腹の立て方というものが必要になってくるんです。自分の実力で入れられる範疇外のパッティングは外れても当たり前。こういう気持ちを持つことは大切です。多くのゴルファーはあまりにも自分を知らなさすぎる。過大評価しすぎるんじゃないかなって気がします。

で、パッティングについて。

3〜4メートルとか4〜5メートルの距離から練習することがみなさん多いですね。これぐらいの距離から一発で入れられればスコアも縮まると考えるからなんでしょうが、しかし本当は1メートルの距離をしっかり練習しておけばいいんです。上り、下り、順目、逆目、あるいはスライスラインやフックラインからの1メートル。これだけ練習して、入る確率を高めること。これが一番パッティングに上達する方法なんです。

なぜかっていったら、カップまで1メートルの距離ということは、カップを中心にして直径2メートルの輪っかができることになる。直径2メートルっていったら大きいですよ。で、この直径2メートルの輪っかの中にボールを入れろってなったらば、だいたい入るでしょ。極端なロングパットは別として、ね。ベントでも高麗でも。ショートしても1メートル。オーバーさせても1メートル。この間に2メートルの誤差があるわけですから、ちょっとしたロングパットならば、その程度の誤差でパッティングすることは可能なはずだと思います。

ということは、1メートルの距離に自信を持ってさえいれば、直径2メートルの輪っかの中に、ポンと放り込んでおくだけで次のパットは入るんですから、スリーパットはほとんどなくなることになる。

◉

ラインを見て、下りに残さずに上りに残すようにとか、難しい目や逆目に残さないようにとか、このようなことを理解しながら1メートルの距離だけを練習する。これだけでスリーパットを防止できる確率はグンと高くなるはずです。

ところが、これが2メートルの距離、ということは直径4メートルの輪っかというとことですが、この距離になると、ちょっと遠い。2メートルの距離から一発で入れる確率を高めるっていったら想像がつかなくなってしまう。だから1メートルで十分。この距離を一生懸命練習する。

でも、１メートルの距離を熱心に練習しているゴルファーって、あまり見ませんね。長い距離からの練習をしているゴルファーがほとんどです。しかしこれは先程触れたように、長い距離から「狙って入れる」ことはほとんど期待できない。入ったらそれは偶然。だとするならば、そういった偶然を期待して練習するよりも、確実に入るであろう距離から練習したほうがよほど効果的だとは思いませんか。

第15話

飛ばし屋って実は可哀相なんだ

他人のことは気にしない、要は自分の心とコースとの闘いに尽きる

他人のことを気にすること。

一緒にまわっている人が、ボールを凄く飛ばしたり、スコアが良かったりする。するとなんとなく気になってしまう。このような心理って誰にでもあるんじゃないかなって思います。

気にした結果、自分でも飛ばそうとしてミスショットを出したり、あるいは難しいカップの位置を強引に狙って失敗するとか、よくあるでしょう。こうなると相手のペースに引きずられるっていうか、自分のゴルフができなくなってスコアを崩してしま

う。特に飛距離に関しては、気にすることが多いですね。

これは日本アマに出場するようなレベルの高い選手の中にも見られます。ぼくの飛距離が220ヤードとして、一緒にまわっている選手が240ヤード。するとその選手は毎ホール、ぼくをアウトドライブしようとするわけです。そうしないと気が済まない。体の弱い、飛距離の出ない中部になんか負けるものかと、そういう気持ちだろうと思うんです。

ところが、そうやっているうちに、必ずいつかボールを曲げ始める。結果、自滅する。このような選手が、ぼくの現役時代、ずいぶんいました。ショットやパッティングを見ると、みんなぼくより上手なんですよ。スウィングは綺麗だし、インパクトの音もいい。ボールだって飛ぶ。しかし、そういう選手が他人のことを気にしてどんどん崩れていってしまう。優勝したってちっともおかしくないような選手ですら。これはもったいないなって思いますね。

ゴルフは80パーセント以上がメンタルに左右されるといわれますが、まさにそのとおりなんです。人のことを気にしたって仕様がない。相手のショットやスコアを気にすることによって、自分のゴルフが良くなるならまだしも、そのようなことはないわけでしょ。かえってスコアを乱すことはあっても。だったら、自分のゴルフに徹することなんです。相手を気にすると心の平静が保てません。保てなければ、ミスショットの確率が高くなることはもうご存知のはずですね。

ぼくは幸いにして、ことゴルフに関しては、人のことを気にしたって自分がうまくいかなければ上のほうに進めないって気持ちが持てましたから、人がボールを飛ばそうがナイスショットを出そうが気にならない。自分を鍛えることに一所懸命だったというか、自分の内面を知るほうに興味が向かうというタイプなんです。

ですから試合に出ていてもボビー・ジョーンズじゃありませんけれども、パーおじさん相手にゴルフをするということを割合早くから心得ていた。このことは別に『ダウン・ザ・フェアウェイ』を読まなくとも、コースを相手にゴルフをするのが一番いいなって思うことができましたからね。

パーおじさんとは要するに、競争相手は人じゃなくてコースだということでしょ。ジョーンズがまだ子供の頃に、ハリー・バードンのプレーを見る機会に接し、そのときのバードンのプレー態度が非常に印象的であったと。他のプレーヤーに無関心で、それ以外の何物かを目標に据えてプレーしていたということなんですが、そのバードンが目標にしていたものがつまりコースだったわけです。長じてからそのことに気がついたジョーンズは、以来、パーおじさんを相手にゴルフをやって、大試合を次々に勝っていったといわれていますね。

このように、人を気にしないでプレーするということは大変に大切なことです。気にするから自分のゴルフが左右されて、結果、思うようにいかない。確かに、人のことを気にしないでプレーするということは、いうほど簡単なことではないかもしれません。しかしそれを心得た者がやはりそれだけの結果を得ていることを考えれば、コース相手にプレーするという気持ちを持つ訓練をすることが必要であるとハッキリいえます。これは間違いがない。

◉

みなさんは飛ばし屋を見ると、ボールを飛ばすというだけで「ゴルフが楽でいいナ」って思っちゃうところがありますが、しかし飛ばす人には飛ばす人の悩みというものがあるんです。飛距離の出ない〝飛ばない屋〟に悩みがあるのと同じように悩みがある。「オレにもあれぐらいの力があったらいいな」というのは飛ばない人のあくまでも想定の世界。飛ばす人はボールが飛ぶゆえに、飛ばない人よりも何倍もの努力を要するんです。

ボールを飛ばすというのは、肉体の形状であるとか構成の仕方による天性のものが多くを占めるものだとぼくは思っているんですが、そのような人が飛距離を出さないようにするためにはよほどスウィングの完成度を高めないことには叶わないことなんですね。飛距離の出る人が飛距離を抑えることは、飛距離の出ない人ががむしゃらにクラブを振りまわして飛ばすことよりもはるかに難しい。

飛距離を落とすには、スウィングのスピードを変えるか、あるいはボールを曲げるしかありませんよね。または高く上げてやるか。これは技術なんですが、これが非常に難しいんです。自分の想定しただけの距離を出すにはどれぐらいのスウィングスピードで打たなければならないかに始まって、想定しただけの距離を刻める確率、これが何パーセントぐらいあるのか。また、このような体調のときには飛距離を何ヤード落とそうと思ったらこのようにして打たなければいけない、といった体調とスウィングとの関係、これもつかんでいなくちゃいけない。で、なおかつ、刻もうと思って失敗したときにはどのようなボールが出るのかといったミスのパターンも知っておく必要がありますね。

本当ならば、このような難しいことをしないで、飛ばないクラブに換えればそれですむことではあるんですが、またそれが飛ぶ人たちの大きな課題のひとつなんです。だから難しい。打てば飛ぶ。飛ぶけれども、75パーセントぐらいの力で打っても真っすぐに飛ばせる。こういうスウィングを完成した人が、やはり上のほうで活躍しているという現実。ドライバーを振りまわせば290ヤードぐらい飛ぶのに、ふだんは250ヤードぐらいに抑えて打っているという人は極めて少ない。それだけ難しいということでしょう。なおかつ、距離を落とすということは感性の世界ですから、感性の幅が広い間は余裕をもって刻めるけれども、その幅がひとたび狭くなれば、もうコントロールができなくなってしまう。そうなると、その人のゴルフは全部崩れてしまいます。

このように、飛ばす人には飛ばない人の知りえない悩みといったものがあるわけです。ボールが飛べばそれだけ曲がりやすいという悩みもありますね。ですから、決して「飛ぶからゴルフが楽」だとはいえないと思うんです。もちろん、フェアウェイをとらえたり、グリーンを外さないといった確率が高い場合には、飛ぶ人のほうが有利ではあります。しかしこれまでに触れたように、絶対的にそうとばかりはいえません。

こういうわけですから、飛ばす人と一緒にゴルフをしても、気にする理由はないんです。アイツにも飛ぶがゆえの悩みがあるんだなと、そう思ってラウンドすれば気にならなくなる。要は自分の心とコースとの闘いに尽きるということです。

第16話 君はクシャミの止め方を知っているか

マナーを守ることは自分をコントロールする力を養うことでもある

たとえばスタート時間が8時。

とすると、コースに着くのが1時間前ですから、7時。スタートまで1時間あれば、だいたい余裕を持ってスタートまでの段取りをこなすことができますね。フロントで署名して、ロッカーへ行って着替えて、スパイクをはいて、それからお茶を飲むなり食事をして、トイレに行きたい場合には行く。あとはスタートまでの時間、練習場でボールを打ってみるとか、パッティンググリーンでボールを転がしてみる。

1時間前に着いていれば、このようなことを落ち着いた状態でやることができます。

ちなみに、神経が覚醒して、脳や体が十分な働きをするまで3時間はかかるといわれていますね。だから、目を醒ますのは少なくともスタート時間の3時間前。ゴルフ当日はこのような段取りを行っていれば、うまくいく可能性が出てくると思うんです。

これはとりもなおさず、余裕を持つことによって心を平静に保たせるためです。スタート時間ぎりぎりにコースにとび込んできて、あわてて着替えを済ませて「さあ、スタート」というんでは、うまくいきづらいでしょう。動悸も収まらないだろうし、また同伴者に対して、遅れてきたという負い目もある。あれやこれやで心の中が乱れてしまっていますから、アドレスをしっかりとってとか、そのようなことを考える余裕なんかありません。結果は、たいていの場合、ミスショットでしょう。

で、遅れてくる人って、たいていいつでも遅れてやってくる。どうしてそんな忙しい、ややこしいことをやりたがるのか不思議に思うんですが、なかなか直りませんね。これは要するに、自分で自分をコントロールする力が足りないんだろうと思うんです。足りないから時間どおりに来られない。

スタート時間に限ったことではなく、コントロールしなくちゃいけない場面はいろいろあります。

たとえば相手がパットをしているときにクシャミをしたくなったと。そのようなときに、どうすれば相手に迷惑をかけないで済ませられるのか、というと、それは鼻を手でつまむことなんです。すると簡単にクシャミなんて収まってしまう。このようなことは、本当はみな知っていなくちゃいけない。しかし、ゴルファーの中には平気でクシャミをやっちゃう人もいるわけです。

もちろん、口を手でおさえるとか、パットをしている人と反対のほうを向いてやるんでしょうが、それでもクシャミをしたことが相手には分かってしまう。それで「スミマセンでした」って謝っても、本当は済む問題じゃないでしょ。相手が「いいよ、いいよ」といってくれたとしても、その本心は分からない。これからパットを決めようって狙ってるときに、クシャミをされれば誰だって嫌な気持ちになるんです。相手の気持ちに甘えるっていうか、そういう気のゆるみがあると、やはり自分をコントロールすることが難しくなってくる。

ぼくがゴルフを覚えた頃というのは、申し開きが許されない時代で、躾《しつけ》が非常に厳しかった。だからこうあるべきだとされることは、キチンとわきまえるように教えられたし、何よりも規則なり決まり事からはみ出すことが怖かった。そういう時代に育っているせいもあって、たとえばクシャミの止め方ひとつにしても、「知らなくていい」っていういまの時代には、困惑を覚えるわけです。昔はクシャミの収め方なんて、誰でも知っていたものです。

昔といまとでは確かに時代が違うんでしょう。そういわれればそれまでではあるんです。しかし、やはり自分をコントロールすることは必要であるし、またそうすることによってゴルフに対する姿勢というものが変わってもくる。ゴルフがメンタル的な要素で大部分を占められる以上、自分をコントロールできなければ、いつまでたってもうまくならないわけです。

時間に遅れない、クシャミを抑えるというのは、そのような意味で自分自身をコントロールする力を養うために格好だと思うんですね。

◉

ミスショットを出したり、ゴルフがうまくいかなかったりすると、キャディに当たり散らすゴルファーがいるでしょ。このようなゴルファーは最低ですが、これなんかはショットやスコアに対する期待が過多なために、失敗したときにそれを自分で受けとめる力がない。だからその怒りをキャディにぶつけて発散させるわけです。しかし、これは怒りをぶつけられたキャディこそいい迷惑でしょう。

これなどもやはり自分をコントロールする力がないからこそ。力があれば抑えられるんです。だいたいゴルフをやっているのはキャディじゃないんでしょ。自分がやって、自分で失敗してるのに、その責任をキャディになすりつけたり怒りをぶつけるなんて、筋違いもいいところなんです。このようなことをやっているから少しもうまくならない。

たとえばキャディに「残り120ヤード」っていわれて8番アイアンを持ったと。そうしたらオーバーしてしまった。ボールはグリーン奥の難しいバンカーの中。そこでボールを2〜3回打ってやっとグリーンに乗せたとしましょうか。こういう状況では、恐らく多くのゴルファーがキャディに対して怒りの気持ちを持つと思うんです。キャディさえ距離の判断を誤らなかったら、というわけですね。

しかし考えてもごらんなさい。最終的な判断、つまり距離の計算やクラブ選択は自分が行っているわけでしょ。だったら、グリーンをオーバーさせた責任だって自分にあるはずじゃないですか。キャディによってはキャディ本人に責任があるように謝ってくる人もいますが、しかしそんなことはない。悪いのは自分。ミスショットをしたのは自分の責任なんです。それを他人のせいだと思うから、頭にカーッときて冷静な状況判断ができなくなる。そしてミスにミスを重ねるような結果を招く。

常日頃から自分をコントロールする術《すべ》を身につけるように努力していれば、何でもないことなんです。しかしそれをやっていないと、怒りが外に向いてしまいます。ま、それはともかく、プレーに際しては他人に迷惑をかけないように努力することから、自分をコントロールする力を養ってみることですね。

◉

中村寅吉プロが、あるとき、一緒にまわっていた若者にパットのラインをまたがれた。中村プロはもちろん怒りましたが、これは当然のことです。怒って当たり前。確かにそのライン上をまたいで通れば自分のボールのところまで近くて済む。しかし、これから狙おうっていうパットのラインをまたぐっていう神経が分かりません。これはかなしいことだなと思いますね。何故またいで渡っちゃいけないのかが、分からないことがかなしい。

これはとりもなおさず、ラインを真剣に考えていることに対する精神的な蹂躙《じゅうりん》に他ならないわけでしょ。だからそのへんをわきまえている人は、たとえ遠まわりになってもボールの後ろを通っていくわけです。このようなことの積み重ねが、自分のコントロールにつながっていくんです。

第17話 ゴルフをわざわざ難しくしていないか

器用であることより自分にとって一番確率の高い打ち方を求めたい

これは以前から感じていることですが、多くのゴルファーはゴルフを難しくやりすぎているんじゃないかなって気がします。簡単にやれないのか、それとも簡単にやることが分かりづらいのか、そのへんのことは知りませんが、とにかく難しいことばかりやって失敗している例って実に多いですね。

ゴルフは決して難しいものではない。それを勝手にゴルファーが難しくしてしまっている。どうもそういう気がして仕方ありません。

たとえば、グリーンまわりからピッチエンドランで寄せるとか、あるいはピッチショットをつかうとか、さらには1本のクラブフェースを閉じたり開いたり、いろんな打ち方をやって、結果、失敗している。これがぼくにはよく分からないんです。なぜそんな何種類もの打ち方をしなくちゃいけないのか。必要あることだとは少しも思わないんですね。

もちろん、状況として、ピンとボールの間に低い木の枝があって、その下を通さなくちゃいけない。しかも割とピンが近めで、スピンをかけないと止まらない。このような状況の場合にはやむを得ませんから、たとえばサンドウェッジを持って低いライナーを打って、グリーン上に止めるということはあります。しかしこれは必要に迫られてのこと。

そうでなければこのような難しいショットはする必要がないんです。必要もないのに、しょっちゅうこんなことをやっていたら、それだけで疲れちゃうでしょ。で、そういう打ち方をして、ちゃんと寄ってくれるならばいい。しかし寄る確率を計算してみたら、成功率は極めて低いんじゃないかなって思います。

サンドウェッジを使ってボールを低く出して止める。これはひとつの例ですが、このような打ち方をした結果、ボールがどの程度の高さで飛んでいき、何バウンド目で止まるのか、まずこれを知っていなくちゃいけないですよね。ボールの位置、バックスウィングの大きさ、ヒッティングの強さ。これも知る必要があるでしょう。さらにグリーン面の条件としてベントグラスの場合はこういう止まり方をする、また高麗芝の場合にはこんな転がり方をするって、全部呑み込んでおかないと確率の高い寄せ方ができない。

恐らく零コンマ何パーセント。成功率ゼロに等しい。ダフるかトップするか、せいぜいがそんなところだろうと思います。ならばそんな難しい、確率の極めて低い打ち方をするよりは、スピンをかけて寄せたいときにはロフトの大きいクラブ、転がしてもいい状況ならロフトの小さいクラブを使えばいい。これで十分。それでちゃんと寄せることができるんです。

しかし、多くの人はなぜか難しいことをやりたがる。どうしてもやりたがりますね。失敗する確率のほうがはるかに高いのに、「このあいだ、これでうまく寄ったから」って。しかしそれはたまたま寄っただけであって、なぜ寄ったかについての検証も何もないのに、寄る保証なんてないわけですよ。にもかかわらず寄せられると思う感覚が分かりません。

ぼくの場合は、地形に合わせたゴルフ。この地形では絶対にボールを転がしたほうが寄るとか、あるいは上げたほうがいいとか、そういうゴルフなんです。この地形ならばこの道具を使って、こういうふうに打てば一番寄る確率が高いって、そっちのほうから入るわけです。

だから、ここでちょっといつものやつと違った寄せ方をしてみようかなんて、全然考えない。一番確率の高い寄せ方を選んだ結果、人の考えと違う道具を持ったとしても、「ここでこんな道具を使ったら笑われるんじゃないか」とも思いませんしね。

いろんな打ち方ができる人を器用だというならば、ぼくは不器用でしょう。とにかく同じ状況からならば、同じ打ち方しかできない。もちろん、いろいろなショットを試してきてはいるんですよ。スウィングも変わってきているし、また変えたし。しかしその結果、ぼくは一番確率の高いスウィングなりショットなりを選んだということ。だから他のショットをやろうとは思わないんです。

ただ同じ状況からいろんなショットが打てる器用な人というのは、打てない人から見ればうらやましい存在かもしれませんが、逆から見れば、自分のものを確立しづらい条件を揃えてるってことでもあるわけです。つまり、自分の打ち方はこれだっていうものがない。あれも打てる、これも打てる。で、結局、どの打ち方が自分に一番ふさわしいのかが分からない。その結果、ひとたび迷い始めるとドロ沼に入り込んで、なかなか立ち直ることが難しいんです。

それに比べると、それひとつしかできなければ、迷うことはないですね。それしかできないんですから、元に戻るところは決まっている。元の形がどうであったかを2つ3つ確かめてみれば、すぐ分かることでしょ。たとえばドライバーでいうなら、ぼくの場合、アドレスのときに自分の腰骨からかかとまでの距離と、かかとからボールまでの距離が一緒なんです。これは練習をやっていて、一番ボールに当たるときに、ふと何の気なしに測ってみたら、たまたま同じ長さだったということなんですが、これがぼくの支えになっているわけです。

◉

で、体とグリップとの間隔を握りこぶし2つにする。この間隔を変えずにボールを打ってみて、思いどおりに当たらないときには絶対的に距離が遠い。ボールと体までの距離が長いんです。このようなときは、体全体が前にかがみすぎているか、あるいはいつもよりひざを折りすぎているか。いずれにしても簡単に確かめることができます。

ところが器用な人は、それでこなせてしまう。狂った状態でも上手に打っちゃうわけです。しかしいつも上手に打てるとは限りませんね。失敗もする。またそれが重なれば、どこがおかしいのかいろいろいじってみるでしょう。しかし自分の決まった打ち方というものがないんですから、どこに戻ればいいのかが分からない。だから迷い始めるとドロ沼に入るということは、当然といえば当然なんです。

要するに感覚の世界。現実とかけ離れた感覚の世界でモノをとらえているからそういうことになってしまう。グリップの位置ひとつにしたって、いつも握りこぶし2つぶんだけ体から離していて当たるという人が、その間隔で構えたときにえらく近く感じてしまったと。すると平気で3つぶんぐらい離して構えてしまうでしょ。握りこぶし1個といったら7～8センチぐらいありますよ。それぐらいいつもと違った状態でも構わずに打ってしまうという現実。

ところがフェースにボールが当たる世界はセンチミリミリです。土台が何十ミリ単位で変わっているのに、当たるところはミリ単位。柔軟性があるといえばいえるでしょう。しかし感覚と現実がかけ離れれば離れるほど誤差が大きいということですから、いいときと悪いときが頻繁に出てくる。だから感覚に頼るということは、それだけいいときの状態が長続きしづらいともいえるわけです。また元に戻るにしても時間がかかる。

同じ状況から器用に、いろんなショットを打つことも、そのような意味でいたずらにゴルフを難しくしているだけだと思います。

第18話
道具に馴染むまでには時間がかかる

自分の腕前を棚に上げて責任をクラブになすりつけるのはおかしい

道具の話。クラブを換えるということ。

これに関しては、ゴルファーに2通りのタイプがあるんじゃないかなって思います。ひとつは、しょっちゅうクラブを換えるタイプ。そしてもうひとつはほとんど換えないタイプ。で、しょっちゅうクラブを換える人というのは、善意に解釈すればフィーリングが合わない。要するにクラブヘッドの形やフェースの感じがしっくりこない。だから「これはダメ」「次はこっち」と次々に換えていく。

しかしノーマルに解釈した場合、結局は実力がない。実力がないから、どこかでエクスキューズしたい。この道具でうまくいかないならこっちのクラブではどうかと。で、換えてみる。しかしうまくいかない。また換える。このような繰り返しだろうと思うんです。きつい言い方になるかもしれませんが、何かに頼りたいという気持ちは実力の無さを証明しているようなものでしょ。

考えてもごらんなさい。いまの時代にうまくボールを飛ばせられないようなスペックで出来上がっているクラブなんて、ほとんど無いでしょう。クラブメーカーが各社しのぎを削って、どうやってもうまく打てるような道具を揃えているわけですから、もう至れり尽くせり。低重心設計であるとか、幅広ソールであるとか、振れば真っすぐボールが飛んでいくクラブばかりです。

このような状況において、なおかつ道具を換えるというのは、やはりほとんど実力が備わってないって証拠なんです。ボールが真っすぐ飛ばないのはクラブのせいだなんて、とんでもないこと。どうも、この点についての謙虚さが足りないような気がしますね。

もっとも趣味でゴルフを楽しんでいるゴルファーの場合は、クラブを換えても一向に構いませんよ。換えることもまた趣味の一部になっているんでしょうからね。しかし、あくまでもうまくなって試合にも出たいという目標を持っているゴルファーならば、クラブに振りまわされてはいけないと思うんです。クラブは振りまわすものであって、振りまわされるものではないということ。このへんを謙虚に理解してもらいたい。そうでないと、いつまでたっても「悪いのはクラブのせい」で片付けてしまって、少しも技倆が上がっていきません。

道具には、馴染む時間というものがあるんです。そして馴染むまでには時間がかかるというケースがこれまた多い。たとえばシャフトの長さや硬さ、バランス、ロフト角にライ角、こういったスペックが一応自分の望むとおりに仕上がってきたと。本来ならこれで満足のいくショットが打てるはずなんです。

ところが決してそうはならない。というのは、自分の体調であるとか、いろんなことが作用して、ボールが飛んだり飛ばなかったり、また真っすぐ行ったり曲がったりと、そのときどきによって変化するからなんですね。

で、馴染んだといえるためには、このような体調のときにはこういうショットが出やすいとか、またこの程度のスピードでクラブを振るとこういう球筋になりやすいといったような、クラブのクセというか特性、これをハッキリとつかみきっていなくちゃいけない。要するにクラブが自分の腕の延長であるようになるまで馴染むということ。それで初めて道具の良し悪しが分かってくる。だから時間がかかるんです。

もちろん、馴染みきれないということもあるんですよ。自分ではその理由が分からないけれども、どうしてもダメだと。うまくいかない。その道具を握るとボールに当たる気がしないとかね。こういうことって、あるでしょ。

で、その1本が気にくわないから、アイアンならアイアンのセットを全部換えちゃうというケースもあるわけです。これは仕方がない。ただ、いまはいろんな計測器があるわけですから、ライ角やロフト角を調整し直せば、それだけでうまく打てる可能性も出てくるはずなんです。もしそれでうまく打てるようになれば、クラブをセットごと全部換える必要はありませんね。

◉

クラブについては、確かにいろいろなとらえ方があるでしょう。しかしことクラブに限っては、換えたりいじったりする必要は全くないと、ぼくは思っているんです。

バランス調整用の鉛にしても、ぼくは貼りません。というのは貼っちゃえば、そのクラブのオリジナリティが違ってくるわけでしょ。クオリティに変化が出てきてしまうんですよ。となれば、逆にうまくいきづらくなる条件を加えたということになりませんか。クラブは基本的に、ボールを真っすぐ飛ばすための条件なりスペックを前もって備えているものですから、そこに鉛を貼って手を加えれば、悪くなる条件が出こそすれ、それによって性能が良くなるなんてことはほとんどあり得ないことなんです。たとえばオリジナリティを超えて飛距離の出るクラブに細工したい、としましょうか。そのためにはロフトを減らすことが考えられます。しかしロフトを減らせば、ヘッドスピードを増やしてやらないといけませんね。これまで以上にヘッドスピードを速くするといったら、これは大変な努力を要しますよ。努力してもヘッドスピードが速くならないかもしれない。その前にスウィングを壊すことだって大いに考えられます。

だったら最初から、無垢《むく》の状態のままでクラブを使っていたほうが、よほどいいということになる。このようなことを考えると、やはり道具をいじるということは大変な冒険でもあるし、また無駄なことでもあるというのが実感なんです。

鉛の例でいえば、これは実験してみるとよく分かると思うんですが、ショップへクラブを持っていって、「この道具、1匁《もんめ》（約3・75グラム）ほど抜いておいて」って頼んだとしましょう。

で、ショップでは何もいじらずに「ハイ、抜いときましたよ」って渡してくれたとします。するとその言葉だけで、「あ、軽くなったな」って感じてしまうんです。重さなんか少しも抜いていないのに、そのひと言だけで。

◉

これがクラブを振ってみて、重さを抜いていないことが分かるようになれば、たいしたものです。そういう人に対しては、ショップ側もちゃんと抜いてやらないといけないけれども、一般のゴルファーにはほとんど分からないと思う。わずか1匁の重さなんて、分かれというほうが無理なんです。ということは、自分の感性としては、いい加減な部分でクラブを振っているということ。またそれに対する認識も足りなさすぎるとはいえると思います。

だから道具をウンヌンするなんて、いまの時代ではとんでもない話ということになるんです。ちょっと言い方が厳しすぎたかもしれませんが、自分の腕前を棚に上げておいて責任を道具になすりつけるというのはどう考えてもおかしい。

ボールが曲がったり飛ばなかったりするのはクラブのせいではない。あくまでも自分の体調が悪かったり構え方がおかしかったり、あるいは打ち方がおかしいんだと。そう謙虚に受けとめてこそ上達の手がかりもつかめるような気がします。

第19話
遊びのゴルフだからと甘えていないか

いつの場合でも真面目に、真摯に、一所懸命やらなくちゃいけない

区別すること。

今日は遊びのラウンドだから少々叩いてしまってもいい。今日は試合に出ているから良いスコアでまわろう。このような区別って、割合多くのゴルファーがしてるんじゃないかなって思います。

しかしこうやって区別できるほど実力が備わっているのかといったら、決してそうではない。遊びのゴルフでも試合のゴルフでも、結果はたいして変わりないわけでしょ。試合だから気合を入れてゴルフをした結果、遊びのゴルフのときより10ストロー

クもスコアが縮まったなんてことはないと思うんです。

これは前に触れたことですが、一般のゴルファーこそ制約の多い状態でゴルフをやっているんです。さらに、「明日はコンペ」「優勝しよう」って思ったら、そこでまた大きな制約が加わるわけですから、なおのことそういった区別をしてはいけないはずなんです。ところがどういうわけか区別しちゃいますね。

これは日本を代表するようなトップレベルの選手ですら持っている。

「今日は遊びだから、この程度で流しておこう」

「今日は試合だから真面目に取り組もう」

冗談じゃない。それだけ区別できるんであれば、それこそ区別して、自分の勝ちたい試合にいくつのスコアで優勝するのか、それを紙に書いて持って来なさいって、試合の前に。目標とした試合に目標のスコアで優勝するなんて、本当に難しい。それもできないのに、物事を軽々しくとらえて、ゴルフの内容を区別するなんて、こんな失礼なことはありません。思い上がりもいいところなんです。

このような態度は第三者にとっても見苦しいし、また自分自身にとっても決していいことではない。いいときはいいけれども、悪いときは悪い。これは当たり前のことでしょ。しかし「アイツはいくら悪くてもハーフ40を切ってくる」――こうなると第三者に対する信用度も違ってくるんです。何も他人のためにゴルフをやってるわけじゃないんだけども、ゴルフを区別して、遊びのゴルフのときは40台の後半も叩くということに恥ずかしさを覚えるなり体裁の悪いことだという認識が持てれば、その人のグレードが上がっていくし、自分自身のクオリティも高まるということなんです。

第一、今日は練習だから43でも45でもいい。で、今日は試合だから30台、なんて、急にそうはできるものではありません。

そういう認識に立つならば、ゴルフを区別してやってる暇はあるはずがないんです。ゴルフのできるチャンスがあるときには何が何でも真面目に、真摯《しんし》な気持ちで取り組むべきだと思うんですね。そうすればその積み重ねで、いい結果が出てくる可能性が大きい。しかしひとたびいい加減なゴルフをしてしまうと、必ず肝心なときに、大切だと思われるときに、それが出てくるんです。

◉

たとえば練習のときに、グリーンまわりから何番を持ってこうやって打ったらシャンクが出たと。すると試合に出ていて同じような状況に出くわしたときに、そのときのミスショットが頭によみがえってくる。またシャンクが出るんじゃないかって。これが怖いんです。で、その練習中にやった1回の失敗が怖くて立ち直れないということもあるわけです。こうなるともうゴルフにはなりません。区別することが自分自身にとっても決していいことではない、というのは、このようなことがあるからなんです。

数年前まで、ぼくは会社の接客でお客さんと一緒にゴルフをやるときでも、お客さんに関係なく、一人黙々と、一所懸命ゴルフをやってました。バーディを何個かとると、「え!? またバーディ!?」なんて、言外に「ちょっとはこちらのペースに合わせてくれよ」ってニュアンスを含めていわれることもありましたが、しかしぼくにとってそのゴルフはあくまでも試合を前提にしてのものであって、たまたまお客さんと一緒にゴルフをしただけに過ぎない。そういう認識がありましたから、決して手を抜いたり、いい加減なショットをするということはしなかった。

とにかく、怖い。いい加減なショットをしたツケが、必ず試合のときに頭の中によみがえってくる。それが心配であるし、不安でもある。肝心なところで同じ失敗を繰り返すと、今度はそれが自分の固定観念として残ってしまう。これもまた怖いことですよ。

誰それは、グリーンまわりに来ると必ずシャンクをすると。こうなったらなかなかその状態から抜け出すことが難しくなる。このようなときには、たとえばいつもならピッチングウェッジを使っているものを別の道具に換えるとか、あるいは打ち方を変えるとかして全然別の失敗をしておけば、その固定した観念から抜け出せることはあるんですが、同じような状況で同じような距離が残ると、やはりどうしても同じ道具を使って同じ打ち方をしてしまうことが多いものです。その結果、同じ失敗を繰り返す。

このように、ゴルフをその内容で区別した結果、失敗が固定観念にまで固まってしまうことが往々にしてあるんです。だからゴルフはいつの場合でも真面目に、真摯に、一所懸命やらなくちゃいけない。

◉

もちろんこのことは、上手になりたい、試合に出て上位にいきたいと望んでいる人たちについていえることです。あくまでもゴルフは趣味であると、気分転換のひとつであると考えているゴルファーにまで要求するものではありません。

たとえば、ボールが林の中に入って、それを一発、枝と枝の間を抜いてうまくボールを脱出させたことがある人。このような人は、またボールが林の中に入ったら、十中八九、枝と枝の間を狙ってボールを脱出させようと試みる。そしてその結果、これまた十中八九失敗して林の中でキンコンカンでしょ。

そのような人に、「じゃ、アナタは、そのような失敗を何回繰り返したら、楽に出せる一番広いところを狙うんですか」って聞いたことがあるんです。そうしたら「死ぬまで狙う」って。枝と枝の間をね。その理由となるのが、オレは1年に何回しかゴルフができないからとか、月に1回しかゴルフに行けない、だからその数少ないゴルフを楽しみたいんだと。で、その一発がうまくいけば非常にさわやかである。楽しいと。

それはそれで構わないんです。このような人は本当に死ぬまで枝と枝の間を狙って失敗して、結局、いいスコアで上がれなくてもいいと思っているわけですから。スコアを上げるために真面目にゴルフに取り組めない。ところが、「じゃ、心の奥底に、上手になりたいという気持ちはないんですね」って尋ねると、「いや、ある」って。ということは、多目的にゴルフを楽しみながら上手になりたいというわけです。

贅沢《ぜいたく》というか、これほど難しいことはないんですが、であるならば、もう少し考えてゴルフをやってみたらいいと思うんです。安易なプレーは、ゴルフを内容で区別することに相通じることだと思うし、少しでもスコアを良くしたいと願うならば、同じ失敗を何度も繰り返してはいけないんです。

第20話 クラブは6本もあれば十分じゃないか

本数を減らせば迷いが無くなるぶん思い切りよくショットできる

道具に関して。

これは前にも触れたことがありますが、結構面白いことがたくさんあって、さらに道具について書いてみようと思います。

クラブの本数。プレーに際して携行できる本数は、ルール上14本以内と決められています。これは上限を示していますから、14本以内ならば何本持ってプレーしてもいい。ところが、上級者がその本数のギリギリを持ってプレーしている影響を受けているんだと思うんですが、実力のないゴルファーでもフルセットでプレーしている場合が大変に多い。14本といわないまでも、12本であるとか、11本であるとか、とにかく上限に近い本数を携行している。

ぼくにいわせれば、これが上達を阻んでいる大きな原因のひとつに挙げられるんじゃないかなって思うわけです。クラブは、6本もあればそれで十分。10本も12本も必要ありません。本数が多くなるほど選択に迷いが生じて、結果、失敗する確率が高くなるだけだと思っているからです。

携行するクラブはまずバッフィ。これはスプーンでもいいんですが、フェアウェイで打てないケースもありますから、4番ウッドがベストでしょう。で、アイアンは5番と7番と9番。これにパターと、バンカーにボールが入るケースを考えてサンドウエッジ。この6本。これでもう十分にゴルフができる。しかも自分で思ったよりはるかにいいスコアでラウンドできますね。その理由は前に触れたように迷わないで済むということ。この要素がすごく大きいんです。

たとえば7番アイアンで届かない距離ならば、迷わずに5番を持つはずでしょ。その上のクラブではバッフィしかないわけですから、バッフィではいくらなんでも飛びすぎる。だから5番。ところがここに6番アイアンが介在すると、6番がいいか5番がいいかって迷いが生じてくる。6番でグリーンの内側ギリギリに落とそうか、あるいは5番で軽く打ってグリーンの真ん中に落とそうか。そう考えているうちに自分の番がきて打たなければならなくなって、結局、踏ん切れないまま中途半端なショットをしてしまう。その結果、ボールを曲げたり手前のバンカーに放り込んだり。このようなことが大変に多い。

ゴルファーの多くはこういった経験を何度も持っているはずですね。特に体調の悪いときに顕著だろうと思います。

◉

ただし、だからといってこれはフルセットを持つなということではもちろんありませんよ。必要に迫られて、使わざるを得ないようなコースでプレーする場合には本数も必要だろうし、また上達して、より正確なショットが可能になったというゴルファーも少ない本数では困ることが多いでしょう。このような場合ならフルセットを持ってプレーしても一向に構いません。

ただ、なかなかうまくならないゴルファーは一度試してみなさい、本数を半分に減らしてみなさいということ。迷いが無くなるぶんだけ思い切りよくショットができて、スコアも良くなっていきますよということなんです。

実際、「あのときあのクラブがあればナ」って思うことは18ホールで1回あるかないかでしょう。多くてもせいぜい2回。そんなもんなんです。逆からいえば、使わないクラブが案外に多いんです。ためしに、いいスコアを出したときに使ったクラブを思い出してごらんなさい。14本全部は使っていないはずですよ。かえってその少なさにビックリするんじゃないかなって思うぐらい。本数が多いからいいスコアが出る――決してそんなことはありませんね。少ないからこそいいスコアが出た――こうだと思うんです。

使用クラブが思い出せないんであれば、今度ゴルフに行ったときに調べてみるといいと思う。ドライバーを使った、パターを使った、4番ウッドも使った。しかし3番アイアンと5番アイアンと9番アイアンは使わなかったと。これをラウンドのたびに調べて、いいスコアが出たときの使用クラブを見ると、だいたい3本なり4本なり、使わないクラブが出てくるものなんです。それがハッキリと分かる。ということは、14本のクラブをまんべんなく要求するゴルフ場もほとんど無い、ということでもあるんですが。

◉ところで、6番アイアンと5番アイアンを持ってどちらを使えばいいか迷いが生じるということ。これは確かに迷いが生じるんですが、本来なら迷っちゃいけないんです。

というのは、グリーンを考えてみると、タテ位置で測った場合、フロントエッジからバックエッジまでの距離がだいたい17〜18ヤードある。これは最低で。最近のゴルフ場はグリーンが大きくなっていますから、半径でそのぐらい。だから手前から奥まで約30ヤードぐらいある。で、6番と5番の飛距離の差、これはキャリーの差ということですが、この番手間の差がどのくらいあるかというと、せいぜい10ヤードとか15ヤードとか、そのぐらいだろうと思うんです。

だとするならば、6番で打っても5番で打っても、フロントエッジとバックエッジまでの30ヤードの中にボールが着地するはずでしょ。6番と5番のキャリーの差が15ヤードだとしても、またランがあるといってもアイアンで打ってるわけですから、転がっても3ヤード。奥行き30ヤードのグリーン内にはボールが止まるはずですね。なのに「6番じゃ小さい」「5番じゃ大きい」と。これは一体何なんだってぼくは思っちゃいます。

いや、オレのワンクラブのキャリー差は20ヤードなんだと。たとえそういう人がいたとしても、それでも30ヤードの中には収まってしまうはずでしょ。だから6番か5番か、どっちがいいかって迷う理由はどこにもないわけです。にもかかわらず迷うのは、要するに数値と感性とがえらく違っているから。番手間のキャリー差とグリーンの奥行きという数値、その違いを受けとる能力である感性。その間に大きなズレがあるんです。

だからワンクラブ違っただけでグリーンを外すんじゃないかって思ってしまう。これはほとんどのゴルファーがピンの手前にボールを落とそうとしていることと無関係ではありません。フロントエッジからピンまでの距離がどんなに短くても、その狭い場所に落としたがる。ショートして手前のバンカーに入れば難しい状況が待っているという場合ですら、無謀にもピンの手前を狙っていく。つまりピンの奥にはグリーンが無い。

そのために奥行き30ヤードもあるような大きなグリーンでも、ゴルファーの目に入るのはピンから手前のごく限られた範囲だけで、ピンを越えてボールが転がると、たとえそれが3ヤードぐらいであっても「オーバーしちゃった」「大きい」っていうふうに感じてしまうわけですね。どうしてこんな難しいゴルフをしなくちゃいけないのか。グリーンのどこでもいいから、とにかく乗せておく。そうすればあと2回で収まる可能性が絶対的に高くなるはずなんです。このことが分かれば、本当にゴルフが楽になってくる。

その意味からも、フルセットを持たずに半分のクラブでプレーしてみることは、これまでの自分のゴルフに対する誤った対応の仕方をかえりみるいい機会でもあるんです。本数が減れば、ショートもオーバーもありません。

第21話

気持ちに余裕を持たせることが大切

上半身と下半身のバランスの良さはゆとりを持つことから生まれる

余裕を持つということ。

これは、いろんな意味での余裕。気持ちにゆとりを持つことであり、また限度ギリギリの力で打たないこと。気持ちの余裕については、ひとつぼくの経験を紹介しましょうか。

もうずいぶん昔、ぼくが19歳の頃、金田正一さんに「調子が悪くなってきたら、ドン底まで落とせ」っていわれたことがあるんです。「何をやってもいいから、ドン底まで下げろ」と。「そうしたらそれ以上、下はないんだから、あとは上がるしかないだろう」っていうわけです。

これは非常に価値のある言葉でしたね。これまでに受けた様々なアドバイスの中で、一番、足しになったというか、ためになった言葉だと思います。

ぼくが19歳ということは、金田さんが現役バリバリの頃。金田さんいわく、「オレが投げて、シロウトのバットにボールがかすったら、1万円やる。絶対にかすらせない」。こう話していたぐらいに自信もあり、また実績を持った人の言葉だけに重みもあったし、それだけ活躍できている裏には凡人の考え及ばないそのような発想があったのかと、えらく感心したものです。

そのとき、実際にぼくが不調であったかどうかは覚えていませんけれども、この言葉を聞いて気持ちがグーンと楽になった。普通、調子が悪くなってくると、もがき上がろうとしてあせるでしょ。あせって、いじらなくてもいいところをいじってみたり、何をしたらいいのか分かんないから精神的な逼迫《ひっぱく》感を感じて、要するに気持ちに余裕が持てない。

そうなると、何をやってもダメ。調子を取り戻そうとする気持ち、もがき上がろうとする気持ち。この「戻そう」とか「上がろう」という気持ちを持っている間は実に窮屈で、どうやったってうまくいかないんです。しかしそのような気持ちを捨てて、「悪くなったら悪くなったで構わない」と。「どうせ落ちるんならドン底まで落ちちゃえ」って気持ちが持てれば、調子を無理に上げる必要がないわけですから、これは気持ちが楽になる。

ただしこれはもちろん、現実にドン底まで落とす必要は少しもないんですよ。そういう気持ちを持っただけであせらなくて済むということ。「じゃあ、どこまで悪くなるのか、ひとつやってみようじゃないか」と、こういうふうに開き直りの気持ちが生まれてくるだけでいいんです。

開き直り、というのは一種の余裕です。余裕ができれば、パッと立ち直れる可能性が出てくるでしょ。ここがこの言葉の非常に価値あるところだと思うんです。実際、ドン底まで落とせっていったって、人間はその上目上目で考えてますから、本当のドン底を味わうことは恐らくないと思う。だから、あくまでも考え方ということなんです。

◉

余裕がなければ何をやってもダメだということは、たとえばラウンド中にこのような経験をみなさん持っていると思うんです。

狭いフェアウェイの両サイドに白杭が立っている。そのときに狭いなと感じるときと、案外広いなって感じるときがありますね。で、狭いなって感じるときはやはり余裕がない。そのホールまで自分の思いどおりのゴルフができていなかったとか、あるいは前のホールで大叩きしたとか、何らかの原因で気持ちが追いつめられていると狭く感じてしまうんです。

そう感じたときっていうのは、やはり結果も思わしくない。またOBを出して大叩きするんじゃないかとか、不安になるでしょ。で、左右のOBを避けたいと思うとそれが体の動きを鈍くして、結果、かえってOBになってしまう。こういうときこそ開き直って「OBしてやれ」って打つと、フェアウェイの真ん中にボールが飛んでいく。

これはとりもなおさず気持ちの余裕によって、体の動きがスムーズになるからですね。だからクラブが振れ切れるし、ボールも真っすぐ飛ぶ。このように、気持ちに余裕を持たせることは非常に大切です。

同時にこのことは、ボールを打つときの力加減にもいえることだと思うんです。ドライバーショット。ショートアイアンに比べてドライバーがうまくいきづらいっていうのは、ドライバーが道具の種類として、いくらでも飛ばしていいですよという道具だからです。つまり距離の制限がない。すると満身の力を込めて打ちたい、限りなく飛ばしたいというのがゴルファーですね。とにかく、可能な限り飛ぶぶんにはいい。だから、失敗する確率が高いんです。

というのは、距離の制限がなくていくらでも飛ばしていいとなると、えらく力を入れてクラブを振っちゃうわけでしょ。するとどうなるかというと、そのスピードに下半身が耐えられないんです。そうすると上下のバランスが保てません。バランスが保てなければうまく当てることができませんね。従ってボールは飛ばない。こういうことなんです。

どうもゴルファーの多くは平素、頭の中で、120パーセントとか130パーセントぐらいの力を想定して打ってるんじゃないかなって思います。100パーセント以下は考えないんですよ。だから打った後に体がヨロケる。フィニッシュをちゃんととってるゴルファーって少ないでしょ。フィニッシュがとれないのはクラブを振るスピードが脚力を超して速いからなんです。

ボールは、上半身と下半身のバランスをよく保ってスウィングしたときに最も飛ぶもの。これは間違いがない。フィニッシュのとれる状態。これがその人の脚力に合ったスウィングスピードということ。だからかえって軽く打つと飛ぶというのは、バランスがいいからなんです。何よりもバランス。これは余裕を残さないことにはできないことですね。

◉

最近、ぼくも足腰が弱ってきて、自分の思うようにボールを打てなくなってきています。たとえば頭の中で描くスピードで打つとボールの手前をダフるとかなんですが、これは要するに脚力が間に合わないから。クラブを振る上半身の動きに、下半身がついていけないんですよ。で、想定するスピードの7割とか8割で打つとうまくいく。それでちょうど上下のバランスが保てる。

これはよく経験のあるところだろうと思うんですが、前の組がグリーン上でプレーしていて、こちらはセカンド地点で終わるのを待っている状況。で、キャディに打っていいですよっていわれたり、また自分で判断して、このクラブじゃ届かないだろうって打つと、それが想像以上に飛んで打ち込んじゃったと。よくあるでしょ。「ゴメンナサイ」って謝ったりして、ね。あるいは池やバンカーの手前にボールを刻もうとして打ったら、案に相違して打ち込んでしまったと。

これはつまり、気楽にスウィングできるからなんです。ボールを飛ばす必要がない。グリーンの手前、あるいは池やバンカーの手前に運べばいいということですから非常に気持ちの中に余裕がある。だからバランスよくクラブが振れて、届かないはずのクラブで届いてしまう。またそれがベストスウィングでもあるんです。

だから、余裕——。

第22話
技術論に誤解が多いのはなぜか

技術はボールを打つたびに確認と検証を重ね自分で見つけ出すもの

いわゆるゴルフ書。

古くから名著といわれるものがあるようですが、ぼくはこの類いの本を読んだことがない。これは本当にないんです。だから「技術修得のために参考にした技術書はあるか」とか「ゴルフの精神を学ぶのに役立ったゴルフ書を挙げてくれ」って尋ねられても、どうにも答えようがないんですね。

これには大きな理由があって、ひとつは自分の肉体上のことが原因していた。というのは、本を読んでいると、隣り合った行が途中から重なってくるんです。乱視というのか、目が弱く、要するに眼球を引っぱって調節する外側の筋力が弱かったわけです。だから文字を追っていくと、だんだん目が真ん中に寄ってきて、文章と文章が重なってしまう。

これは小学校から中学校くらいの頃で、当時は矯正する方法もなかったんじゃないかなって思います。20分ぐらい本を読んでいると、目が寄ってきて読みづらくなる。で、それを元に戻すためには本から目を離して遠くを見るようにする。直ったところでまた本に目を落とす――こういう繰り返しでは、やはり本を読むのも教科書がせいぜいです。ゴルフ書まで手がまわりません。

もうひとつはやはり、技術は自分で学びとっていくものだという意識があったからです。ただしこれはもちろん、他人の意見に耳をふさぐということではありませんよ。自分で納得したことを、練習しながら身につけるということ。

ゴルフの技術論は誤解が多いんです。解説する人と、それを受け取る側の間にくい違いがあって、正しく理解されることってほとんどないんじゃないかなって思われるぐらい。なぜならば、その人の持っている技術はその人にしか分からないからです。

それを伝えることがもしできるとすれば、ということは誤解なく正確に理解されるためには、たとえばドライバーでともにボールをフェースのセンターでとらえたときに飛距離が同じく220ヤード出ると。また体型もそっくりで、筋肉の付き具合も同じ。おまけにスウィングが相似していて、使っているクラブのスペックが同じである、ということが最低条件でしょう。

しかし、これですらまだ開きがある。感覚的には似ているかもしれないけれども、それは所詮感覚の世界なんですから、正しく理解されることはありませんね。そのうえで技術論を展開したって、お互いに通じ合えることはほとんどない。だから本を読んで技術論に接するのもいいが、それより自分でボールを打って、自ら自分に適したスウィングなり技術論を構築していくのが最も大事。ぼくはそういう理解の仕方です。

◉

もっと具体的に話してみましょうか。たとえば体重のかけ方。

ドライバーショットでは、アドレスのときに左右五分五分の体重配分がベストであると。それはいいんですが、果たしてそのように解説する人がその通りにかけているかどうかとなると、分からないわけでしょ。恐らく本人も両足の下に体重計をふたつ置いて測ったわけではないと思うんです。つまり、あくまでも五分五分というのはその人の感覚なんですよ。実際に測ってみたら左4・5対右5・5であるかもしれない。すると、もうここで、いわんとしていることが正確に伝わらないことになってしまいますね。

これは逆の場合だって当然ある。

たとえばシャンクが出て困ると。シャンクというのはつま先下がりのライで出やすいことでも分かるように、体重がつま先にかかりすぎたときに出やすいんです。ですからシャンクを直すには体重をつま先から土踏まずに移動させる。そうすれば、シャンクを出そうと思っても、絶対に出ない。

ところが、そういわれて打ってみたら、またシャンクが出てしまった。そこでぼくは相手の人に聞くわけです。「いま、ちゃんと土踏まずに体重を持ってきましたか」と。するとその人は「確かにそうしたつもりなんですが……」って答えるわけですね。しかしシャンクが出るということは、相変わらずつま先寄りに体重がかかっているという証拠なんです。土踏まずにかかっていれば、出ないんですから。

つまり、その人は感覚の中で体重を土踏まずにかけただけであって、実際にはつま先よりも少しだけ土踏まず寄りにかけただけなんです。それを完全に土踏まずにかけたものと錯覚している。

このように、技術論というのはお互いになかなか嚙み合わない。何らかの、物理的な型にはまったメジャーでもあれば話は別です。アドレスの形をとった人形のように、誰でも同じ形がつくれるというのならいいんですが、お互いに異なった感覚を持っている人間が行うことですから、嚙み合わなくて当然のことではあるんですが。また、だからこそ自分に適したスウィングなり技術論をつくっていく必要があるわけです。

◉

巻頭の挿話を思い出してください。

アプローチでひざはどれぐらい動かしたらいいか――。このようなことは人から教わることではない。クラブを振ったときにひざが自然に動く形が一番いい。それがもし必要以上に動きすぎていたり、あるいは止まっていれば直せばいいことであって、それは自分の姿を鏡に映してみれば分かることですね。

どうしたらヘッドアップしないですむか――。これも同じです。人から言葉で教えられたって、分かるはずがないんですよ。運動の世界において、「どうしたら何々しないですむか」ということはありえないんです。ヘッドアップについていうならば、

「これが、頭が動かない状態だから、これを身をもって体験しなさい」っていうしかない。

ジャック・ニクラスが子供の頃、先生のグラウトから髪の毛を摑まれて、ヘッドアップしない状態とはどういう状態なのかを教わっているんですが、このような方法でしか頭の動かない状態は教えられない。で、またこれが最も間違いのない、正しい方法なんです。

ぼくも昔、よく壁に頭をつけてフルスウィングしてみたことがあるんですが、これをやってみて、頭の動かない状態がどういうものか、実によく分かった。アドレスをとって、頭というかオデコと頭の境い目ぐらいを壁に付ける。もちろんクラブは振れませんから、グリップの形だけつくってスウィングするわけです。

すると、ヘッドアップというと何となく頭が上がって、ボールから眼が離れることを想像してしまいますが、そればかりじゃないことも分かってくる。頭は前後にも動くし、上下にも動く。スウィングの途中で頭が壁にゴツゴツ当たったり、また髪の毛が引っ張られたりして、それがよく分かるんです。で、これらは全部、頭が動いた状態。これは実際に自分で身をもってやってみないことには分かりません。

だから、「どうしたらヘッドアップしないで済むか」から入らずに「どういう状態がヘッドアップしない状態なのか」――こっちのほうから入らないと運動は身につかない。

技術は、自分で見つけ出していくもの。決して人を頼りにするものではない。そのためにはボールを打つたびごとに確認と検証する作業が必要になってきます。

第23話

自分の実力を過大評価していないか

技倆と心の両面があらゆる条件下で崩れないように訓練することだ

自分の実力。

これをどうやって判断するか。案外、ゴルファーは甘い判定の仕方をしているんじゃないかなって気がします。つまり、実際以上に実力があると、そう思い込んでいるところが多分にありますね。

たとえばハーフで40を切ったことがない人。そういう人が、たまたますべての噛み合わせがうまくいって30台が出たとします。するとその人は、その30台のスコアを自分の実力だと思ってしまう。しかし実力というからには、30台のスコアがしょっちゅう出ることが必要でしょ。1回出た後で、1年もの間出ていないというのでは、その30台は実力とはとてもいえないと思うんです。

「オレにも30台を出せる力がある」って思い込むのは本人の勝手ですからいいんですが、そのような仮想の実力に振りまわされていると、結果的に無理なゴルフになりやすいんです。このあいだ30台が出たから、もう一度30台を出してやろうと。するとそれが制約となって、かえって思ってもみなかったような悪いスコアで上がったりする。

よく経験することだろうと思うんですが、日頃うまく打てないロングアイアンでナイスショットしたと。飛距離も出て200ヤード近く飛んだ。すると、そのショットが忘れられなくてもう一度味わってみようとする。ところが、そう思うほど体に力が入ってミスショットが出てしまう。このようなことがあるから、自分の実力は正当に評価しなければいけないと思うわけです。

30台が出たのはたまたま出ただけであると。ロングアイアンでナイスショットしたのもたまたま。このように考えていれば、リキむことはないだろうし、かえっていい結果を生む場合が多いんです。制約が加われば加わるほど体の動きが鈍くなって、思いどおりのショットが打てなくなることは何度も触れてますね。

実力が上がったといえるためには、それまでの平均とするスコアよりもいい結果が3〜4回続く。あるいは4〜5回続く。前の例でいえば、30台のスコアがそれくらい続いて初めて、その人は30台を出せる実力を持った人といえるようになるんです。

ただし同じ30台をコンスタントに出せる人でも、次のような人は実力があるとはいえませんよ。つまり30台も出すが50台も出る人。確かに両方を足して80台ではまわっているんですが、それはワンラウンドを80台でまわれる実力の持ち主ということであって、ハーフを30台でまわる、要するにワンラウンド70台でまわれる実力を持っているとはいえないと思うんですね。実力があるといえるためには両方のハーフのスコアが平均的で、凹凸があまりないスコアを出していることが必要でしょう。30台も出すが50台も出すでは、どちらがその人の本当の実力なのか、ハッキリいって分からない。50台も叩くということは、50台を叩く実力もあるということなんですからね。

◉

自分の実力を検証する方法って、いくらでもあります。

自分の頭の中で考えてみて、あのショットは出来すぎじゃないかと思えるショットがあるじゃないですか。それがハーフなりワンラウンドの中で何回あったかを数えたら、これはおかしいスコアだなってすぐ分かる。

ハーフ30台のスコアが出たとして、たとえば普段なら入らないようなロングパットが3回も入ったとしましょうか。普段入らないということは、まぐれで入ったわけですから、それはワンパットとして計算しない。2パットとして計算する。すると3つスコアが増えますから、39でまわってはいても、まぐれ分を差し引いて42。これがその人の本当の実力といっていいと思うんです。もとよりロングパットが入らなければ、39のスコアは出なかったんですから、このように計算してしかるべきでしょ。

グリーンサイドのバンカーから打ったら、ボールが直接カップの中に入ってしまったと。これにしても、そうそうあることではありませんから、バンカーショットを1打と勘定して、グリーン上でパターを1回ないし2回打ったと計算する。バンカーショットに自信があるという人なら、パターは1回と計算していいと思いますが、ホームランを打ったり、バンカーの中で2回も3回も叩いているという人なら、もっと打数を加える必要があるでしょう。

あるいはボールが林の奥深いところに入ってしまったと。いつもならとても1回では出せないような状況なのに、何の加減かそれが1発でフェアウェイまで出せたとすれば、これもやはりまぐれであるはずですから、そのホールのスコアに1打ないし2打加えてやる。

このような計算をしていくと、割合ハッキリと自分の実力を把握することができてきます。実力を正当に評価できれば、ゴルフに対して取り組む姿勢というか、プレー態度も違ってくる。自分の実力の範囲を超えたところで無謀なことをしなくなってくるんです。

ドッグレッグのホールで同伴競技者はみなショートカットを狙って打っていくけれども、自分は飛距離が出ないからコースなりに攻めていくとか、ロングアイアンで打てばグリーン手前の池を越していくけれども、ロングアイアンが苦手だから池の手前に刻むといったように、自分の技倆の及ぶ範囲でプレーしようとする。

結果、ドッグレッグのコーナーの林や池にボールを入れずに済み、スコアもまとまってくる。こういうことなんです。だから実力を知ることは大変に大切なことであるんです。

◉

ただし、その実力を上げる、つまり、平均スコアを良くすることは想像しているより難しい。

平均スコアというからには、どのような状況においても同じようなスコアが出せるということですね。たとえばハーフで45以上は叩かないという人。このような人は平均スコアがもっといいわけですが、最悪でも45ということは、雨の日でも風の強く吹く日でも45以内。ヤーデージの長いコース、グリーンの速いコースでも45以内。また、体調が悪くても同伴競技者がどのような人であれ、それでもやはり45以内でまわってくる。

で、その人の平均スコアが42だとして、それをひとつ上げて41にするためには、右に挙げたようなあらゆる状況下でスコアを縮めていかなければいけない。だから平均スコアを上げることは難しいんです。またただからこそ、それができる人は本当に実力を持った人ともいえるわけです。

いつもは45以内でまわってくるけれども、どうもやりにくい人と一緒にプレーすると45以上叩いてしまうという人。こういう人っていますね。同伴競技者に影響されて45以上叩くという保証書付きみたいになっちゃうというのは、やはり実力のなさの表れでしょう。

誰それは誰々とまわると必ずスコアを崩す——これは自分の心が狭く、薄っぺらな人間と思われているのと一緒。技倆だけでなく、心のあり方も実力の大きな部分を占めるという一例ですが、これは訓練次第で十分クリアできる問題です。

技倆と心。この両面があらゆる条件下でも崩れないようにする。そうすれば、おのずと平均スコアは上がっていくし、実力も上がっていくはずです。

第24話
鋭い感性を身につけるのも訓練次第

頭の中に描いたイメージを大切に保ちスウィングをそれに近づける

感性。ものを感じとる力。この感性が鋭い人と鈍い人。この違いはゴルフの上達に少なからず影響を与えるものだと思っています。

たとえばひとつの例を挙げてみると、パター。自分以外の同じパターを握ってみて、果たして「これはオレのパター」、「これは人のパター」ってハッキリといえるかどうか。キャディが間違って渡してくれた他人のパターを握ってみて、即座に「これはオレのパターじゃない」って感じとれる人は割合少ないんじゃないかなって思うんです。

ひどい人になると、ボールを打ち終わってからやっと自分のパターじゃないことに気がついたりしていますね。こうなると少々問題じゃないかなって思うんですよ。要するに感性が鈍いわけです。

感性が鈍いとなぜ上達しづらいかというと、右の例に当てはめれば、パターが自分の手の延長になっていない。ということは、それだけ自分の感覚とズレたところでボールを打っていることになりますから、自分の意思を伝えることが難しいでしょ。だからなかなかボールが思う通りの転がり方をしない。結果、ストロークがちっとも縮まらない。こういうことなんです。

あるいは、こういう経験を持っていると思うんです。ゴルフ場に行くと、よくスウィング写真を撮ってくれますね。ホールアウト後にそれを見せられて、そのときにどのような反応を示すかというと、「えっ⁉　こんな恰好して打ってるの、オレ」でしょ。こういう驚きが大方の反応だろうと思うんです。

じゃあどういうスウィングで打ってるつもりなんだって聞きたいぐらいなんですが、頭にイメージした自分のスウィングと実際の動きとの間に驚くぐらいズレがある。これはとりもなおさず感性がない証拠。いや、「ない」っていえば語弊がありますから、「乏しい」としておきましょうか。

感性が鋭ければ、イメージした自分のスウィングと実際の動きとの間にズレは生じないはずなんです。で、ゴルフの上手な人というのは、そのイメージと実際とをピタリ一致させられるような感性を持っている。だから自分のスウィング上の長所も知っていれば短所も分かる。自分の実際のスウィングと頭に描くイメージが同じなんですから、これは分かって当たり前ですね。

ところが実像は実像、イメージはイメージとして別のものがあるというのでは、自分の本当のスウィングがどんなものなのか分からなくなってしまう。ということは、欠点を直すことができないということになりませんか。どこに欠点があるのか分からないわけですから、直しようがありませんね。だから、いつまでたっても上達しないということになるんです。

◉

このように考えていくと、感性は非常に大切な要素になります。

昔から伝えられているアフォリズム（箴言《しんげん》）に『グリップ・ザ・グラウンド』という言葉がありますが、これはクラブのグリップをしっかり握るのと同じように足の指で地面をつかんで、体を安定させなさいという意味ですね。これはいい例だと思うんですが、このような表現は足のつま先にまで神経が行き渡っていないと出てこない。要するに感性が発達しているからこそいえる言葉なわけです。

アフォリズムを例に出すまでもなく、感性の発達しているサマを示す例は上級者同士の会話の中にもよく見られます。

「いまインパクトで、右のひざがちょっと前に出ていた感じがしたけど、どう?」

「ン。じゃ、ちょっと引っこめて打ってみよう」

普通、多くのゴルファーはこのような会話をしませんね。いつものスウィングに比べて、インパクトでひざが1センチか2センチぐらい前に出ても恐らく気がつかないだろうし、また気がつくにしてはあまりにも小さな誤差ともいえるでしょう。しかし感性の鋭い人にはそれが分かる。しかも、止まっている状態ではなく、時間的に零コンマ何秒の世界。その世界の中で1センチや2センチのズレなり誤差を感じとる。

もっともこれほどの感性の鋭さは、一般のゴルファーにまで要求するものではありません。しかし少なくとも頭の中でイメージする動きと、実際の動きとの間に大きなズレを生じさせるような感性では問題ありと、いわざるを得ない。一致しないより一致したほうが、これは絶対にいいはずですからね。

いま、ひざの例を出しましたが、今度はトップ・オブ・スウィングでの左手甲の例を出しましょうか。このほうが、感性の発達が上達するうえでどれだけ必要かがよく分かると思います。

◉トップ・オブ・スウィングでの左手甲は、甲側に折れすぎるとスライスが出る。そこで左手甲は平らにしておけってよくいわれるんですが、この左手甲が、ボールを真っすぐ打っているときよりも角度にして2度ぐらい折れ方が大きかったと。するとそれだけでボールは曲がる。確かに曲がり方は小さいかもしれないけれども、落とそうと思った目標からは外れて飛んでいくわけです。折れ方の角度がもっと大きければ、もっと曲がる。

で、どの程度ボールが曲がったときに左手甲の折れに気がつくのか。恐らく感性の鈍い人はボールがスライスしてOBまで飛んでいったときにやっと気がつくかもしれないし、あるいはそれでも全然気がつかないかもしれない。ところが感性の鋭い人ならば、狙いよりもちょっと外れただけで、おおよその見当はつくでしょう。「いまちょっと左手甲の折れ方が大きかったな」って気がつくと思うんです。

じゃあ、どうやれば感性が鋭くなるんだっていわれても困るんですが、これもやはり訓練でしょう。訓練によっていくらでも磨くことができる。ただその磨き方というか、方法論は自分で考えるより仕様がない。これは人から教えられるものではないんですね。

ただひとつぼくなりにいえることは、イメージを大切にして、そのイメージを保つように努力すること。そして、そのイメージに自分のスウィングを近づけるように努力すること。これが感性を磨くには最もいい方法じゃないかなって思います。いいスウィングのイメージを頭に描きながら、それと実際のスウィングではどこが違うかを検証しながら、一致しない部分を修正していく。これがいいと思う。

ただしそのイメージは、ストップモーションではなく、あくまでも一連の動きとしてとらえておくことが大切です。トップ・オブ・スウィングの形はこう、インパクトの形はこうという具合に動きを止めた状態でイメージするのではなく、動中静ありというか、動きの中で静の状態をイメージすることが必要なんです。というのは、スウィングは決して止まっていない。動いているもの。だからストップモーションでイメージしても意味をなさないんです。

一般のアマチュアゴルファーでも、イメージがしっかりしているときには非常にいいショットが出ている。だからイメージを保つよう努力することは重要なことだといえます。

第25話

綺麗なスウィングにも弱点はある

自分の持ち味を生かしミスの出ない方法をより多く身につけること

どこにも淀みのない、なめらかで綺麗なスウィング。対してどこかギクシャクし、フォーム的にも決して綺麗とはいえないスウィング。

このふたつのスウィングを比べた場合、どちらがいいかといえば、やはりなめらかに見えるスウィングのほうでしょう。要するにワンピーススウィング。バックスウィングでクラブを上げた面と、ダウンスウィングでクラブが下りてくる面との間に、それほどの違いがない。狂いが小さいだけに、ショットの精度もそれだけ高くなってくる。だから、ということ。

しかしこのような流れるように見えるスウィングにも欠陥はある。欠陥という言葉でいいすぎれば弱点。これはどんなに綺麗なスウィングにもある。1カ所か2カ所、あるいはもっとあるかもしれない。そうでなければ、ミスショットなんて出るはずがありませんね。ミスショットが出るということは、やはりミスを出すだけの弱点を持っているからなんです。

確かに綺麗なスウィングはゴルファーの理想でしょう。しかし綺麗なスウィングがイコール完成したスウィングといえるかというと、いま触れたようにそれでもミスが出るわけですから、完成したものとはいえないということなんです。ゴルフにおいては、ひとつのスウィングだけが正しくて、他のスウィングは全部間違っているということはない。これはそうですね。このような論理は成り立たないでしょ。

体格や体型、筋肉の付き具合に始まって性格に至るまで、みなそれぞれ違ったものを持っていてのスウィングなわけですから、これだけが正しいスウィングというものはあり得ない。あるとすれば、その人にとっての正しいスウィング。

正確にいえば、その人なりに正しいであろうと思っているスウィングですが、これならばある。それを忠実に何度でも再現できれば、それがその人にとって一番いいスウィングじゃないかなって思うわけです。

だから仮に、第三者から見て汚いスウィングに映ろうとも、その人なりに大きなミスにつながらないような方法を知っていれば、それで構わない。見た目には悪いスウィングだけれどもボールは全然曲がらないというのであれば、それはその人にとって正しいスウィングといえるはずでしょ。で、その人の持ち味を生かしたスウィングで、ミスの出ない方法をより多く知っている人が上手なゴルファーだと思う。

シングルの腕前でいながら、見た目には変則なスウィングをしている人ってたくさんいますね。そのような人は、弱点を持っていながら、その弱点によるミスを防ぐ方法をよく知っている。だからこそシングルになれたといえるんでしょうが。それに比べて、多くのゴルファーは自分の弱点について知らなすぎるんじゃないかなって気がします。

その証拠に、たとえばスライスしたとして、いま何故スライスが出たのか、ハッキリと指摘できる人って大変に少ない。これはちゃんと指摘できなければ本当はいけないんです。いまのショットはこれこれでこうなったからスライスになったんだと。そのためには自分の弱点をしっかりと認識しておく。これが前提になるでしょう。それも自分で認識しておく必要がありますよ。

というのは、傍目からは全く同じスウィングに見えても、ナイスショットが出る場合もあればミスショットが出る場合もあるからなんです。それほどナイスショットとミスショットは微妙な体の動きの違いによって出るということなんですが、それでも本人ならばその違いをチェックすることができる。ほかでもない、スウィングしているのは自分なんですから、これはチェックできて当然ですね。

◉

ただしこれは、前項で触れたように感性の問題と係わってくる。どこまで神経が行き届いているか、また訓練されているか。その感性の度合によって、微妙な動きの違いを違いとして認識できるかできないかに分かれてくる。

違いを知るためには、とりあえず現在の自分のスウィングがどのようなものであるかを知っておく必要があるでしょう。自分の実像。まずこれを連続写真なりビデオなりで撮ってみる。で、自分のイメージしているスウィング、体の動きとどこが違っているかをチェックする。このようなことを何度も繰り返していくと、だんだん実像とイメージが近づいてきて、最終的にはピタリ一致するようになってくる。

ぼくが運が良かったと思うのは、早い時期に8ミリフィルム（ビデオじゃありませんよ）で自分のスウィングを撮ってもらい、それを参考にできたこと。これはよく撮ってもらった。だから自分の足はああやって動いているんだな、とか、バックスウィングでの手の動きはああなっているのかって、よく分かった。分かれば、自分の弱点も認識できるだろうし、また何故ミスショットが出たのかも割合簡単に見つけ出せる。

よく練習場なんかで、スウィングをビデオに撮り合ったりしている人たちがいますね。これは非常にいいことだと思う。ただビデオに撮るときに忘れないでもらいたいことは、どのようなショットだったのかを必ず記録しておくこと。これが大変に大切です。

天ぷらボールになったのか、左に引っかけたのか、右に押し出したのか。またはナイスショットだったのか。これを記録する必要があると思うんです。何故ならば、先程も触れたように、全く同じに見えるスウィングからナイスショットも出ればミスショットも出るからなんですね。

で、同じスウィングに見えながら、どこが違って一方ではミスショットになったのかを、感性でもって知覚することが大切です。その違いを知り得なければ、ビデオを撮っても無意味なことになるでしょう。ミスショットを出したスウィングを見て、「あ、このときはバックスウィングで手首のコックを使いすぎていたな。そういう感触があったな」って分かってもらいたい。そこで初めて上達の糸口がつかめてくるんです。

◉

また、ナイスショットしたときの映像と、そのとき実際に自分が感じた感触。それもハッキリと感性でもってつかんでおく。それを持続させ、ショットのたびにその感触を出すことができれば、これはボールを打つという技術面において、という但し書き付きですが、相当上達することになると思う。

昔から『スウィングは目で盗め』っていわれていますが、これは正解でしょう。他人のいいといわれるスウィングでも、自分のスウィングでも、よく目で見て、その映像を自分の頭の中に焼き付けておく。すべてはそこから出発です。

ここには理論も何もありません。あるのはただ映像だけ。その映像に忠実に、自分のスウィングを再現できるようにさせればいい。

ゴルフ理論はあくまでもスウィングが完成したあとにつくられたもので、それは理論をつくった本人にしか正しく理解できないこと。このことについては前に触れたことがありますね。それよりも言葉で修飾されない裸のスウィング。これを体で知ることのほうがよほど大切だと思います。

第26話

スウィング改造は一朝一夕にはできない

緊張時にギコチなさが誇張されないノウハウがあれば自己流でいい

朝一番のティショット。

これはいまだに緊張します。胸が高鳴って、要するに〝あがった〟状態。

これまで数多く出た試合で、本当にナイスショットだったって思えるのは、あっても4回から5回がせいぜいでしょう。確率から考えれば、全部が失敗だったといってもいいぐらい。もちろん失敗といってもチョロをしたりすることはありませんが、狙ったところには行かない。いわゆる会心の当たりがないんです。だから試合のスタートで初っぱなからナイスショットを打っていく人がうらやましくて仕様がなかった。

これは性格によってあがりやすい人、全然あがらない人、いろいろいると思います。生まれつきのものというのがあるんでしょう。ぼくはあがり性ですから、どうしても緊張してしまいますね。そのために体の動きが阻害されて、思ったところにボールが飛んでいかない、ということになるわけです。「中部さんぐらいになれば、あがるなんてことはないでしょう」っていわれることがよくあるんですが、そんなことはありません。朝イチのティショットに関しては凄く緊張します。

あがることをおさえるための方法論については個人差があって、各人が自分に合ったものを捜すしかないんですが、ぼくの場合はもう直しようがないんですよ。いくらショットに自信を持っていてもあがることをおさえられないし、また「オレがそんな失敗をするはずがない」って打っても、やはり失敗がほとんどなんです。

だから最近では「あがればあがったでいい」と。「OBさえ出さなければいいや」っていう気持ちでティグラウンドに上がるようにしているんです。直らないものを直そうとしても仕様がないですからね。

それに、2番、3番とホールを進めていくうちに緊張もとれてきて、気持ちが落ち着いていく。そうなればナイスショットも出始めるわけですから、朝イチのティショットであがるということをそれほど神経質に気にすることもないんじゃないかなって思うわけです。とりあえずスタートしちゃえばいいんです。ティグラウンドを離れれば、後続組がそばで見ているということもなくなるわけですし、そうすれば自分のゴルフを取り戻せるでしょ。

緊張するとミスショットが出るというのは、ぼくの場合、やはりスウィングが悪かった。悪いから緊張したときに悪い部分が増幅されて、結果、失敗するということだろうと思うんです。その証拠に、落ち着いているときにはナイスショットが出るんですからね。ぼくのスウィングは昔、ループスウィングといって、テークバックで外に上がったものがトップ・オブ・スウィングでクルッとまわり、ダウンスウィング以降ではインサイドアウトに振っていくという打ち方。要するにスウィングが8の字を描いていた。

これはやはり、うまくいきづらいスウィングですよ。ワンピーススウィングに比べたら、はるかに。8の字を描くということは、それだけ体や手の動きを不自然に使っているんですから、そうなりますね。だから緊張してくると不自然な動きが誇張されて、一層うまくいきづらくなる。これを考えると、心が平静なときも緊張したときも、同じようにナイスショットを出すためには、ワンピーススウィングのほうがずっと出しやすいといえると思うんです。

「ならばスウィングを直せばいいじゃないか」っていうことになるんでしょうが、なかなかそうはいきません。一旦身についたスウィングというものは簡単に直せるものではないんです。もし簡単に直せる人がいたとしたら、相当な天才でしょうね。天才というか、器用な人。

身についたスウィングというのはまさに読んで字の如く、筋肉の動きから何から、ボールの飛び方にいたるまで、非常に深く馴染んでいる。だからそれを改造して新しいスウィングを身につけるためには大変な苦労を強いられる。で、その結果、ほとんどは改造しきれないで終わるというのが現実だと思うんです。自分では直したつもりでも、試合に出て「ここ一発」というときには、だいたいが元のスウィングに戻って打っている場合がほとんど。そのほうが、つまり身に染み付いた古いスウィングのほうが長年のものだけに、安心感があるからです。そういう例が恐らく90パーセント以上でしょう。

◉

だから、試合に出ながらスウィングを変えることは至難の業だし、もし古いスウィングを完全に消し去ろうとするならば2年なり3年という時間をかけて、試合から遠ざかったところで変えるしかない。これもまた難しいことでしょう。新しいスウィングというメッキは、薄ければすぐハゲてしまうし、ハゲないようにするためには相当厚くしてやらないといけないということ。

そういうぼくも、一度だけスウィングを変えたことがあります。昔のスウィングは先程説明したように8の字を描くスウィング。それを全く逆転させてしまった。ということは極端な改造をやったわけです。テークバックで外に上がっていたものを手前に引くように変えて、ダウンスウィング以降ではヘッドが飛球直線上を走るようにした。要するにワンピーススウィング。それを得ようとして極端にやっちゃったんですね。だからそれだけ苦労したし、いまもってワンピーススウィングにはなりきれていないと思うんです。トップ・オブ・スウィングに、まだループスウィング時代の名残りがある。

ぼくは、なめらかに見えるスウィングはいいスウィングだと思っていて、ちょっと動きがギコチなかったりするスウィングはやはりどこかに欠陥があるんじゃないかなって思っています。その欠陥が緊張したときに表面化してくることは説明したとおりで、それを矯正するためにスウィングを改造したわけです。

しかしだからといって、ギコチないスウィングをしている人にスウィングの改造を強いるものではありません。自己流でゴルフを覚えたために変なスウィングをしていると。しかしそれで十分うまくいっているというのであれば、スウィングを変える必要は全然ないと思うんです。ただ緊張したときにそのギコチなさが誇張されないような自分なりのノウハウを持っていることは必要ですよ。それがあれば、問題はありません。

◉

しかし全国的なレベルの試合に出たいと望んでいる人ならば、改造することはそれなりに価値あることだと思います。

第三者から見て変だなと思えるスウィングは、やはりどこかに欠陥がある。で、この欠陥は、第三者が一番よく分かる。自分ではなめらかな淀みのないスウィングをしていると思っても、それが第三者にとってどこか引っかかるという点があれば、それは確かに引っかかる部分なんです。従ってスウィング的には良くない。そういう部分

はやはり直すように努力したほうがいいはずです。直せばそれだけミスショットの数は減ってくるでしょうし、スコアもまとまってくるでしょう。

ただしスウィングを変えることは想像以上に難しいこと。一朝一夕にはできないということです。そのような覚悟があるならば、おやりなさい。

第27話

一緒にまわる人に心惑わされないために

プレーしづらくなる条件をわざわざ自分のほうからつくり出さない

将棋の〝合い〟。

つまり相手の駒から自分の駒を守るために、合い駒というものを打つ。それによって目下の局面をしのぐことができるわけですが、ゴルフの場合はその〝合い〟ができない。

これはできませんね。プレーをしていて、相性の悪い相手が一緒だからといって、相手と自分の間に〝合い人〟を入れて緩衝役を果たさせるなんて、できないでしょ。スタートの組み合わせが決まったら、18ホールなら18ホール、どんなイヤな相手ともずっと一緒にプレーしなくちゃいけない。ゴルフはそういう競技なんです。〝合い駒〟のきかない空間。それを1番ホールのスタートから18番ホールのホールアウトまで、時間にして4時間から5時間あまり、共有しながらプレーを進めていく。

だからどんな相手と一緒にまわろうとも、心を乱されず平静な気持ちでプレーできるようにしておかなくちゃいけない。これは本人に与えられた課題。どうしたら相手のプレー態度に惑わされずに済むか。それを自分で見つけておく必要がありますね。

「オレはアイツとまわるとどうもスコアが乱れるんだよ」と。こういう人がよくいる。その〝アイツ〟が、やたらにプレーが遅いのか、ゴルフが下手なのか、あるいは非常にユニークなスウィングをする人なのか分かりませんが、どのような理由でイヤになるにせよ、そういう条件を勝手につくってはいけないと思うんです。好きだとか嫌いだというのは、自分が勝手につくる条件でしょ。

ゴルフがメンタルなスポーツだといわれている以上、また実際にそうなんですが、そのような条件は自分のプレーに影響を及ぼすことがハッキリしている。だとするならば、プレーに影響する、スコアに響くという情報があれば、できるだけそれを少なくするよう努力しなくちゃいけない。少なくすればそれだけプレーを左右する原因が消えていくわけですから、平静な気持ちでプレーを進めていくことができるはずでしょ。「オレは下手な奴とまわるとダメなんだ」とか「遅い奴と一緒だとイラついてリズムに乗れない」なんてことを平気で口にするようなゴルファーは、全然レベルが低すぎるんじゃないかなって思う。

だって、その日、どのような人と一緒にまわるのか、分からないわけでしょ。で、イヤだなって思う条件がいくつかあったとして、その中のひとつが非常に大きなウェートを占める条件だったとしましょうか。

たとえばプレーの遅い人。他のことならある程度我慢できるけれども、プレーの遅い人とまわるとてきめんにスコアが乱れると。遅い人とまわるのだけは絶対にイヤだっていう人が、もし大切な試合でそのような遅い人と組まされたら、それでもうその試合には勝ち目はない。そういうことになりますね。これではプレーしていても面白くないんじゃありませんか。自縄自縛というか、勝手にプレーしづらい条件を自分でつくっておいて、自分で自分の首を締めている。これはどう考えたっておかしいですよ。

◉

ぼくは幸い、ホールマッチでゴルフを覚えたせいか、他人の存在に左右されない術《すべ》を割合早い時期に身につけた。これは特別な訓練をしてということではなく、自然に身についたもの。やたらに時間をかけてプレーしていた相手が、あるホールから突然速くなる。あるいは逆に速いプレーをしていたのに突然遅くなる。初めてそういうプレーに出喰わしたときには「おおっ、何だこれは」って驚いたものですが、要するにそれは一種の駆け引き。ゲームの展開を変えようとして故意にやっているわけですね。そういうインテンショナルな部分が昔は強かった。

後で「ああ、そういうやり方もあるのか」と納得して、自分なりに、「こういうものに惑わされちゃいけないな」と思ったものです。で、相手のプレーが遅いときには自分もそれに合わせてプレーを遅くする。あるいは反対に速くプレーして全体の進行スピードを上げるようにする。それでなおかつ、自分のプレーが遅くなっても速くなっても、自分のゴルフを失わないように心掛ける。このようなことを繰り返しているうちに、だんだん相手が気にならなくなって、自分のゴルフができるようになったというわけです。

いまではプレーに要する暗黙の待ち時間の範囲内でプレーすればそれでいいんじゃ

ないかなって思ってます。遅い人、速い人、そのどっちに出喰わしても平静を保てるような自分をつくっておけばいい。時には相手を無視してプレーする必要もあるでしょう。それでも時には頭にきて自分のゴルフができなくなることがあるかもしれない。しかしそれでもしょっちゅう頭にきているよりマシですね。

ところで、プレーの遅い人や速い人とまわるとゴルフがうまくできないというのは、自分のプレーに要するリズムやテンポといったものが乱されて、狂ってしまうからだと思うんですが、それをどうやったら狂わずに済ませられるか。これを上手に行うために、いろんな人がいろんな考え方でやってますね。『チャーシューメン』でテンポをとったり『ホーホケキョ』でとってみたり。いろいろとスウィングをスムーズに行うためのテンポのとり方ってあるじゃないですか。

◉

ところが調子がいいときには、たとえば『チャー』でワンテンポ置いて、『シュー』でテークバックを開始して、『メン』でトップ・オブ・スウィングから一気にクラブを振り下ろしていたのが、調子が悪くなると『シュー』の途中からダウンスウィングが始まったりする。これでは完全にテンポがとれずに早打ちしているわけですから、当たりが悪くなって当然ですね。このようなことが、相性の悪い人と一緒にまわると出始めたりする。そこでテンポのとり方を『チャーシューメン』から『東京音頭』に変えたっていう話も聞くんですが、これは変えたって元に戻るはずはありません。

問題なのは『チャーシューメン』なら『チャーシューメン』でもいいんですが、何を基準にして『チャーシューメン』といっているのかということ。つまり同じ『チャーシューメン』でも伸び棒のところを長く引く場合もあれば短く引く場合もある。あるいは『チャー』のところの伸び棒を短くして『シュー』のところの伸び棒は長く引く。伸び棒の伸ばし具合、切り具合をどのような基準でもって判断するのか、ということが大切なんです。

自分では同じテンポで『チャーシューメン』といっているつもりでも、実は調子いいときより伸び棒の伸ばし方が足りなかったという場合だってあるわけでしょ。その伸ばし方の足りないことをどうやって判断すればいいのか。その基準を持っていない限り、いくら『チャーシューメン』でテンポをとってもうまくいくはずがないでしょう。そういう意味では音楽的なセンスもゴルフには必要になってくる。

ゴルフでは、五感を総動員させて物事に対処していくことが必要です。この方法でダメなら別の方法。それを自分で考えながら、自分をダメにする条件をひとつひとつつぶしていく。そこで初めていい結果が見出せると思うんです。

第28話　ヤージ杭にだまされないために

距離表示も自分の目もアテにならないときは自分の目のほうを優先

グリーンの真ん中まで残り100ヤード。そこで距離を確認して、自分はピッチングウェッジを使うとちょうど100ヤード飛ぶ。ところがダフったりトップしたわけでもないのに、ボールはグリーンにも触らずオーバーした、あるいはショートした。

このようなことって、まあることなんですが、このような日はだいたいがゴルフにならない。ボールがグリーンにも触らなかったということは、自分が計画した距離よりも最低15ヤードは違ってるわけでしょ。いまのグリーンは大きいですから、タテ位置でだいたい30ヤードはある。その真ん中を狙って前後に外したということは、15ヤードの狂いがあることになりますね。だから、オーバーさせた場合は、自分の計算より15ヤード飛距離が出ている。ショートさせた場合は、15ヤード飛距離が出なかった。

ここでいう飛距離とはキャリーということですが、キャリーで15ヤードも狂ってしまうということはワンクラブの差以上あることになる。これは普通の状態であれば決して起こりえないことだと思うんです。方向がちょっと狂っても、距離的にはグリーンのどこかに着地する。それがグリーンにも触らずにオーバーする、ショートするというのは体調が相当にいいか、あるいは相当悪いのか、いずれにしても何かが作用しないとこのようなことは起こらない。だからこのような日はゴルフにならないことが多いんです。一種の病気だと思わなくちゃいけない。

ところが距離カンが狂う場合はそれだけではない。たとえばぼくの場合、体調に関してはスタート前に分かってますから、体調と相談して距離を判断することになるんですが、それでも大幅に狂ってしまったりすることがある。これは自分の判断が間違ったということではないと思うんですよ。体調と相談して、悪いときには悪いなりに、いいときにはいいなりに距離を判断し、クラブ選択を行ってるわけですから、実際の距離とそれほど狂うことはないはずなんです。これは経験則で分かっていること。ところがそれでも狂ってしまうのは、やはりヤーデージ杭がアテにならないということ。

ゴルフ場ではたいてい150ヤードや100ヤードの位置に、グリーンまでの距離を示すための杭を打ったり木を植えている。ひとつのサービスなんでしょうが、これが狂っている場合がずいぶん多いんです。そこで、こちらとしてはその確認作業を行うことになる。

たとえば、残り距離を見たら100ヤードの表示杭の10ヤード後ろだったとしましょうか。ところが、どう見ても近いと。そこで9番アイアンを使うのをやめてピッチングウェッジで打った。届いた。ピッチングウェッジで100ヤードピッタリなのに、110ヤードが届いてしまった。ということは残り距離が100ヤードで、100ヤードの表示杭が実は90ヤードだったということになるわけです。このようにして、表示が甘いならば甘いものとして距離を割り引きながら、以後のプレーを続けていく。

ということは、ゴルフ場のヤーデージ杭が甘いのか辛いのか、これはその日スタートしてすぐにつかんでおかなくちゃいけない。何ホール行っても距離カンが合わないというのでは、ゴルフになりませんからね。

ところが、そのようなことが可能なゴルフ場ならばまだいい。ゴルフ場によっては、どのホールでも10ヤードなら10ヤードずつ、表示が甘くなっているとは限らないところがあるわけです。そうなると、1日中距離カンが合わなくなる。前の例で、スタートホールの表示杭が10ヤード甘かった。で、次のホールではそれを考えに入れながらクラブ選択をしたと。ボールはちょうど150ヤードの表示杭ピッタリ。ということは10ヤード割り引いて実質140ヤード。この距離ならば7番アイアンでちょうどの距離だから7番を抜いて、打った。ところが全然ショートしてしまった。こうなると、もう距離がつかめなくなって迷っちゃいますね。

もちろん、最終的に距離を判断するのは自分なんですから、表示杭をアテにしなくても正確な残り距離を読めなくちゃいけない。だから表示杭によって判断が惑わされるということは、それだけ自分の目が確かでないということでもあるんです。

◉

ただいえることは、表示杭もアテにならない、自分の目もアテにできないと。両方アテにできない場合、どっちを優先させるかっていったらやはり自分の目のほうでしょ。これはそうだと思うんです。

というのは、自分の判断のほうが正しいんだっていう気持ちがなければ、ゴルフなんてできっこないんですよ。生意気な自信というか、そういうものを持っていないと、不安ばかりになって、結局、自分のゴルフができなくなる。不安が生じると体の動きに制約が加わってミスショットが出やすいことは何度も触れてますね。

その証拠に、たとえばショートホール。距離表示が165ヤードだった。しかし自分の判断ではどう見ても150ヤードしかない。そのようなときに165ヤードの番手を持って打つと、たいがい失敗するでしょ。これはやはり「このクラブじゃ大きすぎるんじゃないか」っていう不安感が頭にあるから、クラブを振るスピードを途中で調節してみたりして、結果、ダフったりトップしたりというミスにつながっていくわけです。

だから表示も正確じゃない、自分の目も不正確というときには、自分の目のほうを信じて距離を判断し、クラブ選択したほうがいい、ということになるんです。そのようにに割り切ったほうが迷いが生じません。

ところで、もともとゴルフ場にはヤーデージ杭なんてなかったわけでしょ。ぼくもゴルフを始めた頃、というとずいぶん昔になりますが、普段はサジェスチョンのために打っていた杭を、クラブ競技があるときには全部抜いていた。距離の判断ぐらい自分でやれということだと思うんですが、確かにきれいサッパリ、抜いた状態で試合をやっていた。で、そのようなときに、杭はどこにあったかな、とか、あのへんにあったぞ、ってやってる人はやっぱり上位に行けなかった。これは距離判断に迷いが生じているから。

ヤーデージ杭に関しては、ぼくはなくてもいいんじゃないかなって思っている。ティグラウンド上には一応そのホールの距離を示す目安が表示されているし、またドライバーの飛距離がどれぐらいで何番アイアンは何ヤードって各クラブの飛距離をつかんでさえおけば、ヤーデージ杭は必要ないと思ってるんです。飛距離を計算していけばだいたいの残り距離は自分の目で判断できるじゃないですか。であれば、やはりヤーデージ杭は必要ない。ただし現在、そのようなことをやったら遅々として進んでいかないでしょうね。恐らく２５０ヤードの距離が残っててもゴルファーの多くは「この距離なら届く」って打たないと思うんです。これではプレーの進行も遅くなるでしょう。

◉それはそれとして、要するにヤーデージ杭はあくまでも距離の目安でしかないこと。それもかなりいい加減な目安。だから距離の判断は不確かなものではあるけれども自分の目で行うこと。またそういう訓練を積んでおくこと。そうすれば判断を誤ってもキャディに当たり散らすことはなくなるはずですね。自分の責任でゴルフをやる。これが大切です。

第29話

歩く姿勢や速度を軽視していないか

普段の悪い姿勢を正しておけばアドレスに狂いが生じることはない

フェアウェイを歩く姿勢。姿。

これはゴルフのプレーに少なからず影響を与えるんじゃないかなって思います。胸を張って堂々と歩く人と、頭を下げてうつむき加減で歩く人。ゴルファーの歩き方は様々ですが、やはりいいゴルフをしている人というのは歩く姿勢もいいし、スコアの思わしくない人は歩き方にも張りがない。

スコアが悪いから姿勢が悪くなるのか、あるいは姿勢が悪いからスコアが思わしくないのか、これはどちらも当てはまるだろうし、要するにお互いが関連し合っている。

姿勢の悪い状態で歩くと、アドレスして構えたときに、その悪い姿勢がそのまま構えにもあらわれやすいんです。もしそうなれば、背中の曲がった状態で構えることになるわけですから、スウィングのセンターがつくりにくくなる。これではナイスショットが出づらいでしょ。で、ナイスショットが出ないと、そのうち気持ちがだんだん落ち込んできて、もっと姿勢が悪くなってしまう。その結果、ますますミスショットの数が増えてくると、こういうことだろうと思うんです。

だから案外見すごされやすいことではあるんですが、歩く姿勢というのは大事なことでもあるんです。

ぼくはいまでこそ、意識しなくとも姿勢を正して歩くことができますが、最初の頃は多少、意識した。これはフェアウェイを歩くときばかりじゃなく、普段、街の中を歩くときでも。そのうち背筋を伸ばして歩くことに抵抗を感じなくなってきて、いつの間にか、気がついたら猫背になっていた、ということがなくなってきた。背筋を伸ばして、胸を張って歩くと、何となく偉そうに見えるんですが、別にぼくはイバってるわけではないんですよ。あくまでもクセになったということ。

オッパイを真っすぐ正面に向けて歩く。姿勢が正しければ、アドレスでも構えやすい。それほど狂いなく構えることができますね。ところが、普段、姿勢の悪い格好で歩いている人が、ゴルフのときだけ姿勢を正しくするっていっても、これは難しい。どうしても、普段の姿勢でフェアウェイを歩いてしまうだろうし、月に1回のゴルフならばなおさらじゃないかなって思う。第一、姿勢を正しくすることを忘れている場合が多い。

特にラウンドの後半になって疲れが出てくると、そうでなくとも姿勢は悪くなってくる。すると頭が下がって姿勢が低くなってきて、クラブがやけに長く感じられてきたりする。そういうときに、姿勢を正すという頭が働けばまだしも、だいたいは体力が落ちると判断力が鈍ってくるわけですから、なかなかそうはいかない。結局、何が何だか分からないうちに1日を終えてしまうというのが多くのゴルファーの姿じゃないかなって思うんです。

◉

歩調。これにしても、あまり遅いのは考えものでしょう。

たとえば普段遅く歩いている人がたまたま速い人たちと一緒にプレーしたとしましょうか。すると普段遅く歩いている人はみんなとペースを合わせるために速く歩かざるを得ないでしょ。1人だけダラダラと歩いて、進行の速度を遅らせることはできないんですからね。するとそこにアセリが出てくる。速く歩かなくちゃいけないというアセリ。

そうなると速く歩くことに一所懸命になって、心の平静も保てないだろうし、プレーのほうもおろそかになってくる。これではやはりうまくいきづらいんじゃないかなって思うわけです。だから普段から、いつでも速く歩けるように努めておく。どのような歩調にでも合わせられる限度一杯までの速さで歩けるようにしておく。そうすれば進行のスピードが速くても合わせることができるだろうし、遅い場合は遅い場合で余裕を持って合わせることができる。

要するに、どのような速度にも対応できる速さを身につけておけばいい。そういうことなんです。またそれができれば、ショットを終えた後でも次のショットについて考える余裕が生まれてくる。「次、どうやって攻めてやろうかな」とか、「次、何番で打とうかな」とか、心構えができるでしょ。さらにショットにしても、急がされることなく落ち着いて行うことができる。このようにすべての回転がうまくいく。

特に試合に出ているような場合には、呼吸が乱れる原因をつくるものはできるだけ避けたい。ほんのちょっとしたことでミスショットが出、それをきっかけにして崩れていくということはよくあることなんです。

このようなことを考えると、本題からは外れるけれども、ゴルフって本当に面白い遊びだなって思う。実に面白い。しかもうまくなればなるほど、そういう実感がある。ある程度、一定のレベル以上にならないとゴルフの本当の楽しさ、面白さって分からないんじゃないかなって思えるんです。

◉

ハーフのスコアが45。これは平均して。ということは30台もたまには出たりする。このぐらいのスコアがコンスタントに出るようになると、ゴルフの面白さがより一層分かってくる。30台が出れば、それはハーフの基準打数である36に限りなく近づいていくってことでしょ。ということは、ワンストロークが非常に凝縮されてくる。密度が濃くなってくる。そうなると1打1打を野放図に打つわけにはいかないし、必然、その1打に込める意気込みというか、気迫も違ってくると思うんです。

たとえばいつもワンラウンドで100を叩く人が110を叩いたと。また一方では70でまわる人が80でまわってきた。両方とも10ストロークの差ではあるんですが、1

00の人が110を叩いた場合と、70の人が80を叩いた場合では内容がえらく違っている。つまり70の人が80を叩いた場合のほうがワンストロークの密度が濃いわけですから、よほどのことがなければそうは叩けない。しかし100の人が110を叩いても、ワンストロークの密度が元々薄いわけですから、簡単に叩けるようなところがある。それだけ両者の間には隔たりがあるということなんです。

これはゴルフに限らないと思うんですが、上手になればなるほど本来の楽しみが分かってくる。だからゴルフの場合でいえば、ハーフで最低45を切りなさい、ワンラウンド90でまわりなさい、というのが楽しみを理解できるかできないかの境目だっていわれているわけなんです。そのぐらいのスコアを平均して出せて初めて本来の面白さが味わえてくる。

ぼくはハーフで40を切れる頃、あとワンストロークを何とかすれば30台が出せるという頃が一番面白かった。こういうことをしたら30台が出ないいんじゃないかとか、だったらこうしようという具合に、数を少なくするために、数にこだわりながらやってた頃が一番面白かった。

レベルアップを図るためには、それ相当の努力が必要でしょう。で、スコアを縮めるためには何をすればいいかを常に考える。歩く姿勢にしても、本当ならば自分で考えながら見つけ出す。うっかりしていると見すごしがちなことでも、ゴルフにとって大変重要だと思えることがたくさんあるんです。それを見つけ出せるか出せないか。それによって、上達の速度もだいぶ違ってくるんじゃないかなって思います。

第30話

開き直ることも時には必要なんだ

ラウンドの局面によっては成功への未練を捨て腹をくってかかれ

迷いと開き直り。

迷いは、ゴルフをしていれば誰でも必ずぶつかるもの。しかし開き直りに関しては誰でもというわけではない。たいていのゴルファーは開き直れずに、迷いを持ったままプレーを続けていくんじゃないかなって思います。要するにどっちつかずに、中途半端な状態でその場を処理してしまう。

何事においてもそうだと思うんですが、中途半端ほどショットに悪い影響を与えるものはない。そう思うんです。迷う場面って、いろいろありますね。

たとえばショートホールのティショットでもミドルホールのセカンドショットでもいいんですが、どのクラブを持って行ったらいいのか、クラブ選択に迷うときがある。距離を145ヤードとして、7番アイアンなら短いけれども6番アイアンなら大きいと。そういう人がいたとしましょうか。このようなときにどっちのクラブを使って打てばいいのか。つまり7番アイアンを持って力一杯打つのか、それとも6番アイアンを持って軽く打つのか、どっちがいいか迷うと思うんです。

そのようなときに、7番アイアンなら7番アイアンって腹をくくって決めて、思い切りショットできればいい。しかしそこまでの踏ん切りがつかず、どっちつかずの気持ちでクラブ選択して打つと、だいたいがミスショットに終わってしまう。これは多くのゴルファーが何度となく経験しているところだろうと思うんです。しかしだからといって、次に迷ったときに、開き直ってショットができるかといったら、必ずしもそうではない。相変わらず決断を下せないで悩んでいる。

自分には自分の持ち時間というものがありますね。ワンショットごとに許された自分の持ち時間。この時間内にゴルファーはいろいろと考えながらショットの準備を行うわけですが、その持ち時間が経過したら、否も応もなく打たなくちゃいけない。自分だけ時間をたっぷりとって、決断を下せるまで待つということができないわけですから。

ということは、2本のクラブで同時にボールを打つなんてことはできないし、どっちか1本のクラブに決めなくちゃいけない。これはもう、どう仕様もないんです。決めて打たない限り、先に進めないでしょ。そのときに、決断を下すにあたって開き直れるかどうか。そこが問題なんです。失敗したら失敗したでいいと。そういう開き直り。

◉

右に挙げた例で、7番アイアンを使って力一杯打ったと。この選択はコース攻略上からすれば理にかなったことではあるんです。というのは、攻め方の鉄則として『グリーンオーバーは禁物。手前から攻めろ』というものがあって、失敗してもグリーンの手前にボールを止めることが大切なんですね。グリーンの奥には何があるか分からないから、絶対に禁物だと。で、失敗してもグリーンの手前に止めるという鉄則にのっとって7番アイアンを使ってるわけですから、たとえその結果失敗しても、それはそれで納得がいく。成功すれば、ラッキーだと。

ところが迷った挙句に結論を下せずに、大は小を兼ねるというか、6番アイアンを持って打った結果、ショートした、あるいはオーバーしたとなると、これは自分でも納得がいかないでしょ。迷った挙句の結果なんですから、やっぱり7番アイアンにしておけばよかったとか、そのショットに対して悔やむ気持ちが生まれてきませんか。もしこの気持ちがあとあとまで尾を引くとしたら、やはりいいゴルフは続けづらいんじゃないかなって思う。

要するに開き直れないということは、成功への未練があるからだろうと思うんです。グリーンに乗せたい、ピンそばへ寄せたい、バーディをとりたい、ボギーだけは叩きたくない。このような強い気持ちがあると、失敗してもいいという気持ちは陰に隠れてしまいますから、やはり開き直ることは難しいと思う。

しかし開き直ることも時には必要だということを知ってもらいたい。開き直りは決して自暴自棄とイコールで結ばれるものではないことを知ってもらいたいんです。

ぼくのゴルフは、慎重の上にも慎重を重ねる石橋を叩いて渡るゴルフだと以前触れたことがありますが、すべてがそうだというわけではありません。慎重にプレーすることはいいんですが、それにも自ずと限度というものがあるし、二者択一を迫られたらどちらかに決めなくちゃいけない。そのようなときには石橋を叩いて渡るゴルフとは正反対の開き直る気持ちを持つことも必要になってくる。で、その結果が悪かったとしてもそれは仕方のないこと。そうやって腹をくくらないとゴルフなんてホント、やってられないんです。

また、開き直ることによっていいショットが出たりする。よく林の中にボールが入って、木の間を抜いてやろうとすると、狙っても当たらないような細い木に当たってしまうとか、よくあるでしょ。そういうときにはそれこそ開き直って、木にでも当ててやれって気持ちで打つと木の間を抜けていったりする。これは開き直ることによって体の動きに余裕が生まれるから。しかし木に当てまいとすると気持ちには余裕がないし、体の動きも制約を受けているはずですから、動かしづらい状態。それでショットをしても、いい結果は望めませんね。これは以前にも触れたことではあるんですが、何度触れてもいい。それぐらいに大切なこと。

◉

ところで迷いが生じる場面はクラブ選択ばかりではない。たとえばホールの攻め方にしても、こういうことがあるんです。ティショットの落とし所としてA・B・Cの

3地点があったとしましょうか。で、自分としてはA地点に落としたいんだけれども、A地点に向けてアドレスをとることがどうしてもできないと。わずかスパイク1本の幅、ということは2、3ミリだけ右足を前に出す、あるいは後ろに下げるだけ。そうすればしっくりと構えられるのに、それができないためにA地点に向かって構えられないということがあるんです。そのようなときに違和感を覚えながらもA地点に向かって打とうか、それとも狙いをB地点なりC地点に替えようか、迷いが生じてくる場合があるんです。

で、迷いながら、違和感を覚えながらA地点を狙えば、これは失敗することが目に見えている。しかし本人としてはそれでもB地点やC地点に狙いを替えることができないことが多いんです。それだけ一旦狙いをつけると替えることが難しいということなんですが、このようなときに開き直りの気持ちを持って、B地点でもC地点でもいいじゃないかと。確かにオレの狙いたいところはA地点だけれども、他にも狙い場所はあるんだから、そこを狙っていけばいいじゃないかと。こうやって替えることができれば、これはその替えた所にボールを運ぶことは可能でしょう。

このようなことがあるから、開き直りの気持ちは大切なことだと思うんです。迷いが生じたら、いつまでも悩んでいずに、思い切りよく決断を下してみる。そういう開き直りも大切だと思います。

第31話
先入観や思い込みに囚われていないか

開き直って敢行。自分にとっていやだなと思える材料は少なくする

秋のピーカン晴れ。

空が群青色に深みを帯びて、ラフに積もった枯葉がカサカサと乾いた音をたてる。空気も乾燥し、澄んだ状態。このころの季節が一番好きだという人も多いと思いますが、ぼくにとってはどうにも感じが良くない。というのは、長年ゴルフをやってきて、秋のピーカンのときにはあまりいいスコアが出ないからなんですね。

これは割と理由がハッキリしていて、要するに1年の疲れが出始めるころじゃないかと思うんです。梅雨のころから夏場の暑い盛りまで平気でラウンドしてきたその疲

れが10月頃から出始める。厳密に統計を取ったわけじゃないので明言はできませんが、どうもそれが原因していいスコアが出づらいように感じるわけです。だからこの時期に行われた試合では、あまりいい成績をおさめていないと思う。試合が終わって、「ああ、今年もやっぱり調子が悪かったな」と、そう感じることが多かった。

しかし秋ではあっても、曇り空の日ならばいいんですよ。何となく気持ちも落ち着いてくるし、スコアもそれほど悪いわけじゃない。晴れた日だけ。ピーカンのときに限っていいスコアが出づらい。で、それが恐怖感というわけではないんですが、晴れた日にはいいゴルフができないんじゃないかなっていう不安感のようなものが生まれてきて、どうにも感じが良くないんです。

〝いいゴルフができないんじゃないかな〟というのは、いうなれば先入観。過去に何度もスコアの思わしくない年を経験して、それが知らないうちに自然に頭の中に定着したんじゃないかと。つまり経験則によってそのような先入観が生まれてしまったということ。

◉

このような先入観は、多かれ少なかれ、誰でもが持っているものでしょう。たとえば雨の日のゴルフはいやだと。いいスコアが出ないからいやだっていうゴルファーは多いと思う。まず雨の日は濡れるのがいや。濡れるのがいやだから早く打とうとする。するといつものリズムでボールを打てないから失敗する、と、こういう論理がまず成り立ちますね。

次にボールのランが少ない。従ってワンホールの距離が長くなるでしょ。となるとセカンドショットの使用クラブが大きくなる。クラブが大きくなればロフトが少なくなるから、それだけ失敗する確率も高くなってくる。で、フェアウェイの乾いたときよりも力がいる。こうやって、悪い条件が次々に揃ってきて、結果、思わしくないショットなりスコアが続いちゃうと、いつしか無意識のうちに「雨の日はスコアが悪い」「雨の日のゴルフはいやだ」って凝縮されて、先入観となって頭の中に定着するようになるわけです。

このような先入観、思い込みは、やはりいいゴルフを阻害する原因をつくるんじゃないかなって思う。気持ちがマイナスに向いているわけですから、これはそうですね。

池を見るとボールを打ち込んでしまうって人も多いと思うんですが、これなんかも過去に何度となく手痛い経験があって、そのため池越えホールにくると「また池に入れてしまうんじゃないか」って、いやな気持ち、不安な気持ちが頭をかすめるからでしょ。すると余裕が持てないからスウィングが早くなる、あるいはボールを上げようとしてしゃくり上げてみる。結果はやはり池の中。

こういうことがありますから先入観、思い込みはできるだけ持たないようにしたほうがいいと思うわけです。特に自分をダメにしてしまうような先入観は持たないほうがいい。じゃあ、先入観はなくすことができるのかって問われると困っちゃうんですが、恐らく完全になくすことはできないんじゃないかって思う。抑えることはできても。

◉

抑えることはできるんですよ。たとえばAというケースで、A′の結果が出るというパターンがあるとしましょうか。しかしそれはあくまで〝そういう結果が出やすい〟ということであって、Aというケースでは必ずA′の結果が出るわけではない。Aのケースでも、あるときにはBという結果が出たりCという結果もたまに出たりする。ただA′の出る度合が大きいというだけのことなんです。

ということは、具体例を出してみると、先程の池の例。10回ボールを打ったうち、

5回ぐらいは池に入れてしまうと。残りの2~3回はかろうじて越した。で、あとの2~3回は満足のいくショットで越えたと。つまり池に入れるというA'の結果が5回ぐらい。あとはかろうじて越したBという結果、ナイスショットで越えたCという結果。確かにA'の結果が多いし、また失敗したときというのは印象に強く残っていますから、数字以上に数多く池に入れているような感じもする。

しかし10回のうち10回とも池に入れているわけでない以上、成功する確率にしても確かに何十パーセントか残っているわけですね。ならば前項で触れたように、そういうときこそ開き直って、「オレだって池を越せるんだ」と、「池なんてへっちゃら」っていう生意気な自信を持って打つことによって、先入観をある程度抑えることができると思うんです。

で、今度はそれに成功して、何度かそれを繰り返すとそれが自信となって、池を見てもいやな感じがしなくなる可能性も出てくる。

ただこのような話をすると誤解を受けそうにも思うんですが、開き直り、生意気な自信といっても、決して無謀な挑戦を勧めているわけではありませんよ。池を越さないで攻められるルートがあれば、確率からいって池越えはやめたほうがいい。ただ池越えのショートホールであるとか、グリーンの手前に池があって、どうしても池を越していかなければグリーンに到達しないとか、そういう場合には池を越さない限り前に進まないわけですから、開き直って打つということ。このへんを誤解してはいけません。

ところでぼくが秋のピーカン晴れの日、1年の疲れが出るためにスコアが思わしくないんじゃないかってうっすら気づいたのは、競技に出ていた現役も終わりの頃。どうしてなんだろうといろいろ考えてみて、どうもそのようだと感じたわけですが、先程も触れたように、これが全ての理由なのかというと実はハッキリしない。夏のピーカンのときは何とも感じないし、ただ秋口から晩秋、初冬にかけてのピーカンがどうもいやなんですね。何となく物哀しいというか、淋しい感じがするでしょ。太陽は照りつけているのに弱々しいし、それほど暑さも感じない。で、斜めのほうから陽が当たりますから、木立の影がフェアウェイにずっと伸びてくる。そして枯葉。乾燥した空気。影の部分に入ると膚《はだ》を刺されるようにヒヤッとする。もしかしたらこの冷ややかさと淋しさがプレーへの集中心を失わせて、結果、スコアが思わしくないんじゃないかともとれますが、このへんはどうにも分かりません。

ただ理由はどうあれ、これまでの経験上、思うようなゴルフができづらかったということは間違いのないこと。自分にとっていやだなと思える材料はできるだけ少ないほうがいい。少ないほどいい結果が出やすくなる。このへんは知っていていいと思います。

第32話
インスピレーションには逆らわない

いやな予感がしたときはひと呼吸入れて構え直してみることが大切

インスピレーション。霊感。

たとえばパッティングのとき。カップまでえらく遠い距離にボールが乗っているのに何となく一発で入りそうな気がしたり、あるいは短い距離なのに入りそうに感じられないってことがあるんですが、このようなインスピレーションは、ぼくの経験に照らし合わせてみて、90何パーセントかの確率で当たる。これはずいぶん高い確率ですよ。

で、いいほうにせよ悪いほうにせよ、インスピレーションが湧くときというのは、ボールをグリーンに乗せたときにすぐ分かる。いまのショットはピンそばにピッタリくっついたけれども入りそうもないなとか、5メートルぐらいの距離が残っているけれども入りそうだとか、グリーンにボールを乗せた最後のショットで分かってしまう。

そのようなときには好条件なり悪条件なりがたくさん揃っていて、その結果インスピレーションとなってはね返ってくるんだろうと思うんですが、このようなインスピレーションには逆らってはいけない。逆らうとだいたいが失敗してしまう。これが実感です。

たとえばツルツルのグリーンでボールの走りが非常に速いと。ちょっとでも強く打ちすぎると3メートルも4メートルもカップをオーバーするようなグリーンで、ピンそば1メートルのところにボールをつけたとしましょうか。ラインはスライスで、本人は、このパットが全然入る気がしない。つまり入らないというインスピレーションを感じている。このような場合、もちろん本人は一発でカップインさせたいっていう気持ちを持っているんですが、入れたいという気持ちに負けて入りそうもないというインスピレーションに逆らって打つと、たいていが打ち過ぎてカップをオーバーさせ、その返しも入らないということが多いんです。結果、スリーパット。

このようなケースは多くのゴルファーが経験しているところだと思うんですが、やはりどうしても悪い結果よりもいい結果を期待しますから、打ち過ぎるということは無くなりませんね。入りそうもないといういやなインスピレーションを感じたときは、入れにかからないで、ツーパットでもいいと、とにかくカップの近くにボールを運ぼうって気持ちで打つと案外うまくいく。少なくとも打ち過ぎて4メートルも5メートルもオーバーさせることはないだろうし、ツーパットではだいたい収まるもの。うまくいけばワンパットで入ることだってある。

だから、インスピレーションには逆らってはいけないんです。入りそうだというインスピレーションを感じたときは、これはそのまま打っていけばいい。で、もし、入りそうもなくていやな感じがし、打ちづらいなって感じたときには一旦マークしてボールを拾い上げて、もう一度アドレスし直すといい結果が出るケースが多い。

これは非常に細かいことなんですが、ボールの下とかちょっと前にある小さな石ころとか、1本だけ伸びた芝の茎が邪魔になって、ボールがはじかれてしまうことがあるんですね。これは芝を見て、何となくそういうインスピレーションを感じる。そんなときにはやはり何かあると思ってボールを置き直してみる。するといやな感じも消えて、ワンパットでカップインさせるとか、そういうことがよくあるんです。

１９８８年の日本オープン（東京ＧＣ）。最終日18番ホール。優勝したジャンボ尾崎選手が1メートル足らずのパットを打つのに2回仕切り直しをして、その2度目のときにボールを置き直しましたね。ぼくはこれが良かったんじゃないかなって思う。あのままボールを置き直さないで、そのまま打っていたら恐らくボールはカップに触りもしないで転がっていったと思うんです。あのような場面では心理的に大きな制約を受けるだろうし、手も自由に動かないかもしれない。しかしボールを置き直すことによって何かが吹っきれて、また新たな気持ちで構えに入れたんじゃないかなって思うんです。結果、ボールはカップインした。

これをいい例として、違和感を感じるとか、いやな予感がしたときには無理に打っていかないで、ひと呼吸入れてボールを置き直すことが大切でしょう。

◉

それにつけても多くのゴルファーのプレーぶりを見るとあまりにも無造作というか、強引すぎるというか、何かていねいさに欠けるんじゃないかなって気がします。ボールを置き直すことによって時間がかかると。スロープレーにならないように違和感を覚えてもそのまま打つという人がいるとすれば、これはまるで反対ですね。ボールを置き直すのにそんなに時間はかからない。それよりもそのまま打ってカップをオーバーさせ、その返しをまた外して、なんてやっているほうがよっぽど時間がかかる。

ドライバーなりアイアンなりのティショットにしても、構えたときに何か間違った方向を向いて立ってるんじゃないかなとか、ボールの位置がおかしいんじゃないかといろいろいやな感じがするときがあるでしょ。で、そのまま打つとやっぱりミスショットになってボールを池に入れたりOBに打ち込んだりする。どうしてそこで構え直して、正しいアドレスなりボールの位置を求めようとしないのか。これが実に不思議です。池やOBにボールを打ち込んだら、またボールを打たなくちゃいけないし、時間がかかるでしょ。するとそこでアセリの気持ちが生まれて、またミスショットという悪い繰り返しが起こりやすいんです。

おかしいなって感じたら、一旦構えを解いて、もう一度ボールの後方に立って飛球直線を確かめるとか、いろいろ方法はあると思う。結果的にそれがナイスショットを生むことにもなるし、時間を節約することにもなる。

◉

インスピレーションの話からは外れるけれども、これは要するに意欲の問題。少しぐらいおかしくても構わないと思ってその場を処理していくか、おかしいと感じたらそれを直そうと努めるか。これは絶対的にその後の結果が違ってきます。どうでもいいということは、いいスコアでまわりたいとか、いいショットを出したい、あるいは勝てるゴルフをしたいという意欲がないわけですから、進歩が見られない。これはそうですね。しかし直そうと努める場合にはそういう意欲があるからこそそのはずですから、これは進歩して当然でしょう。

このように、ゴルフに取り組む姿勢はいうまでもないことかもしれませんが、意欲は進歩に違いをもたらす。ところがゴルファーは一般に、一発のナイスショットに快感を覚え、その一発を出したいがためにゴルフをやっているようなところがある。

もちろんゴルフは遊びなんですからそれはそれで構わないんですが、ただし忘れていけないことは、決してうまくはならないということ。人より飛ばすことにゴルフの醍醐味を見出している人はやはり飛ばす快感におぼれてミスショットの確率も増えてくるだろうし、そうなればスコアメークは期待できない。また小技のテクニックにおぼれている人は必要のないところでそれを発揮しようとして、結局、失敗する。

こういうことですから、うまくなりたいと願うならば、やはり悪いと感じるところは積極的に直すように努めるべきです。

第33話
ゴルフには平均の法則がはたらく

持てる技を最大限に発揮するためには結局、心を鍛えぬくしかない

平均の法則。

これは厳密な意味で受けとられると困るんですが、ゴルフってこの平均の法則に左右される場合がずいぶん多い。

たとえばよく経験するところだろうと思うんですが、アウトのスコアが非常に良くて、これなら後半頑張ればラウンド70台が固いと思っていたのに、案に相違して結果が思わしくない。で、トータルすると結局いつも出しているようなスコアに落ち着いてしまう。

いつも90ぐらい叩く人がアウトで40が出た。するとインで50とか51を叩いてしまうわけです。逆にアウトのスコアが散々だったのに、インではいいスコアが出て、やはりいつものスコアでまわってくる。最初がいいと後が悪い。あるいは最初が悪いと後がいい。こうやってスコアというものは決まってしまう場合が多いんです。

また、ボールをうんと飛ばすけれども曲がると。一方では飛ばないけれども曲がらない。あるいはボールを真っすぐ遠くへ飛ばすのにアプローチが下手だとか、反対にボールを曲げてばかりいるけれども、ショートゲームはやたらうまいとかね。このようなゴルファーってまわりにたくさんいるでしょ。

これはユニットが大きすぎるきらいがありますけれども、たとえば2人の人間が相反して勝敗を競ったとして、3年間なり4年間なり、そういう長い目で見た場合、両者の勝ち負けは五分五分で落ち着くんじゃないかなって思うんです。

2人の人間が、相反する性格を持っていたと仮定して話を進めると、一方は非常にアグレッシブで勝気な性格であると。で、他方は石橋を叩いて渡るような慎重な性格。この両者が長年にわたって勝敗を競っていくうちに、互いに変わったものが欲しくなってくる。つまり勝気な人間は慎重なゴルフを、また慎重な人間は冒険するようなゴルフを欲してくるんです。

勝気な性格の人は相手に戦いを挑んで、可能性ありと見れば恐れずに冒険して、それがうまくいったときにはイーグルでももぎとって勝ちを決める。しかし冒険と危険は表裏一体ですから、それが裏目に出るとトリプルボギーが出たりする。で、それによって辛酸をなめさせられた経験も数多くある。これがその人をして「もうあんな馬鹿なことはやめよう」と、「もう少し慎重にプレーしよう」っていう気持ちに変えさせる。

一方、慎重な性格の人は、危険と見れば冒険をしないし、それがために大叩きをしないで済んで勝ちを決める場合が多々ある。しかしその手堅さゆえに爆発的なアンダースコアが出づらい。そのために、相手に負けてしまうということもこれまた多々ある。そこで「たまには冒険でもしてみようか」と、「一発勝負に出てみようじゃないか」って変わったゴルフをしてみたくなる。

で、結果を見ると勝敗は五分五分。一時期で区切って見れば勝ち負けの差が出てくるけれども、長期にわたって見ると結果は同じ。これも平均の法則といえると思うんですが、このように勝負の世界でも平均の法則というものがはたらいてくる。

ある有名なプレーヤーが「あなたはどうしてアプローチが下手なんですか」と聞かれて、「グリーンを外す回数が少ないから」って答えたという話を聞いたことがあるんですが、これもやはり平均の法則に違いありませんね。いつもパーオンさせていればアプローチをする機会がないわけですから、他のショットに比べて下手ということになるわけです。

◉

いろいろと例を出しましたけれども、要するに自分の持てる範囲というものを自分なりにわきまえて、その中で、じゃあどうやったら一番いい状態でいい結果を出せるのか、それを検討すべきだということなんです。

ボールの飛ばない人は、突然変異的に体を鍛えてボールを飛ばすようにするということをせずに、自分の出せる飛距離の中でいいスコアを出すにはどうすればいいのかを考える。飛距離が出なくても、いいスコアでまわることは実に簡単。それを飛ばすことによってスコアが縮まると考えるから、なかなか思うような結果が得られない。

午前のハーフのスコアが良くて午後になると崩れる。あるいはその逆の場合。どうしたら両ハーフとも同じようなスコアでまわることができるのか、それを考える。いいスコアでまわった後は午後のプレーに対する期待過剰が気持ちの中で制約となり、窮屈なスウィングを強いられるためであることが多いから、その制約を受けないようにするにはどのような心の鍛錬が必要か。

このように、自分の持てる範囲の中で自分の力を最大限に引き出す術《すべ》を考える。結局、行き着くところは心の問題となるわけですが、これがなかなかに難しい。しかし難しいからといって鍛錬することを放棄すると、ある一定のところから先に進まない。進歩が止まってしまうんです。だから上達する、しないのカギは心が握っていると何度も繰り返しているわけですね。

◉

心、技、体。このうち、どの順番で鍛錬しやすいかといったら、体、技、心の順でしょう。体を鍛えることは割合簡単だし、技術も割に早く磨くことができる。で、ここで問題になるのは、「ゴルフに上達する」という意味合い。これにはいろんな意味が含まれていて、たとえばいいショットを打つことも上達の中に入るし、いいスコアで上がることも間違いなく上達の中に含まれる。そして勝てるゴルフをすること。これも上達の中。

技術を磨けば、いいショットが出るかもしれない。またいいスコアで上がれる可能性も出てくる。しかしいいショットが必ずしもいいスコアに結びつかないこと、またいいスコアの内容がいいショットの積み重ねでもないことは前に触れたとおりですね。要するに技術を磨いただけではいいショットは出ないし、いいスコアを出すことはできない。いわんや勝てるゴルフをや、です。

というのは、技術には心の問題がからんでくるから。心に余裕がないと持てる技術が十分に発揮されづらいんです。いいショットを打つことには自信を持っている人でも、試合で競ってくると、とたんにミスショットが出始めるということがよくある。これは心の問題以外の何物でもない。だから心は鍛えること。鍛えれば鍛えるほどいい技が引き出せる。

平均の法則から少々脇道に外れたようですが、しかし、自分の持てる範囲の中で自分の力を最大限に発揮させるためには心の問題以外にない。最初に挙げた例はすべて心の鍛錬で解決がつくことです。

これはビギナーもシングルも。上達したいと願っているゴルファーなら誰でもということ。技を磨けば、ある程度自信がつき、それによって心の部分も鍛えることはできるけれども、究極は技ではなくて心。このことをゴルファーのみなさんに知ってもらいたい。

そしてぼくがこれまで触れてきた事柄のほとんどは心に関するものでした。確かに心の問題は、技のように〝育ってるな〟という手応えがないだけにつかみどころがないんですが、それでも鍛え上げることによって心は確かに育っていく。それはぼくの長い経験から、ハッキリとそういえます。

第34話

アドレスに始まってアドレスに終わる

ミスショットから学ぼうとする姿勢があれば必ず成果が得られます

アドレス。構え方。

これが間違っていると、ボールは狙ったところへ飛んでいかない。いうなれば、砂上の楼閣。スウィングの土台をつくる構え方がなっていなければ、いくらいいスウィングをしたところで、結果はミスショットでしょう。

これは多くのゴルファーが知っていること。しかし、いざボールを打つ段になると、すっかり忘れてしまっている場合が多い。飛ばそうとか寄せようとか、そっちの欲求のほうが勝っちゃうんですね。で、飛ばそうとしたのにチョロが出たり、ピンそばに寄せるつもりがあらぬ方向のバンカーに入ったりと、結果は少しもいいことがない。で、いま砂上の楼閣と書きましたけれども、構え方が間違っていると楼閣すら築けないことが多いんです。たとえば多くのゴルファーはアドレスで目標より右を向く。

これはゴルフスウィングというものが右から左への動きであることと大きく関わっているように思えるんですが、このような構え方をすると、インパクト付近から左ひじが引けやすくなるんです。というのは、両足つま先を結んだ線は確かに目標の右を指しているけれども、本当の狙いどころは目標、つまり両足つま先を結んだ線より左にある。従って右を向きながら左に打っていくわけですから、体の左サイドが邪魔をして、左腕の行き場所がなくなってしまう。そこで左ひじを曲げて、腕の突っかえをなくすと、こういうことなんです。

いいスウィングを楼閣だとすれば、これは楼閣ではない。だから構え方が間違っていると、スウィングもおかしなものになってしまうんです。

◉

このあいだ、一緒にゴルフをした方が、やはりアドレスで右を向いてしまっていた。ところが本人はそれに全然気づいていない。そこで指摘してあげると非常に驚いて、なかなか信じようとしない。じゃあ、ということで、両足つま先の線上にクラブを置いて確認してもらったら、はたして目標よりだいぶ右を向いていたことが分かって、しきりに感心していたものです。それほどゴルファーは多く右を向いてアドレスしている。しかもそれに気がつかない。

またこの方は、ボールを左足つま先のほうにおいた状態でスウィングしていた。そのためにボールの頭を叩いて、ちょくちょくミスをする。

ボールの位置は左足かかとの線上から、体の真ん中の線上までの間ならば、どこでもいい。体の柔らかい人ならば左足かかと線上でも打てるし、硬い人ならば真ん中寄りに置いてうまく打つことができる。しかし、この範囲内から外れるとどちらもミスが出始める。

この方は、左足つま先の前にボールを置いていたわけですから、ミスが出るのは当たり前といえば当たり前。ナイスショットが出るほうが不思議なくらいなんです。で、アドレスで右を向いてしまう人は、この方のようにボールを左寄りに置くことが非常に多い。

というのは、両足の線は右を向いているけれども、あくまでもボールを運んでいく目標は左にあるわけですから、上体は目標を向く。となると、ここで足の線と上体の線がバラバラになるはずで、足の線に対して上体の線は開いた状態になる。これはそうなりますね。ということは、手の位置もそれだけ左にズレる。従って、ボールの位置を左足つま先の前あたりに置かないと、クラブフェースを合わせることが難しくなってくるわけです。だから、ボールの位置を左へ左へとズラす。

このように構えている人に、ボールを正しい位置、たとえば左足かかと線上としましょうか。そこに置かせようとすると、決まってボールが中に入りすぎたように感じて、ボールを右に押し出すんじゃないかなって不安を訴えます。とりもなおさずこれは、両足の線から見れば上体の線は左を向いていることになるわけですから、それに合わせて、ボールの位置を左足つま先の前に置いている以上、たとえば左足かかとの線上までボールをズラしただけで、ずいぶん中に入れたように感じるからです。

ところが上体の線を両足の線と合わせて構えれば、もうそれだけでズラした位置とピッタリ合ってくる。要するに、それだけ構えたときの向きとボールの位置は密接に関わりを持ってくるということ。だから間違った構え方からは、ミスショットが出るのは当然のことなんですね。

アドレスでは両足つま先の線、ひざの線、肩の線、これが同じ方向を向いていなければいけない。それで初めてボールの位置も正しい場所にセットされるし、ナイスショットも出る。

アドレスというと、あまりにも基本的すぎて、大切であることを知っていながらおろそかにしてしまうゴルファーが多い。しかし、ゴルフはアドレスに始まってアドレスに終わるといってもいい過ぎにはならないし、アドレスがすべてといえるぐらいのものなんです。このへんはよく知っておいたほうがいいと思う。とにかくアドレス次第でナイスショットも出ればミスショットも出る。さらにスウィングが始まればチェックすることはできないけれども、静止したアドレスの状態でならばいくらでもチェックできる。

体全体が飛球直線に対して平行に合っているかどうか。ボールの位置が、体の真ん中から左足かかと線上までの間に収まっているかどうか。グリップの位置はちゃんと定位置にあてがわれているかどうか。背筋はキチンと伸びているかどうか。とにかく、いろいろ。

もちろん、ショットごとにたくさんのチェック項目をつくることは逆に制約を与えて、ミスショットにつながる原因となりますから、少ないに越したことはないんですが、右に挙げたことはひとつの例として出したまでということ。誤解しないで下さい。

◉

で、ロングホールのセカンドショット。ここはスタンスの向きなどをチェックするいい場所なんです。つまり検証の場。ロングホールは距離がありますから、フェアウェイも割と広い。なおかつ使用するクラブがスプーンとかバッフィといったフェアウェイウッド。これはボールが曲がりづらいクラブですね。

だからたとえば目標をどこかに決めて、そこに向けてボールを打ってみる。もしボールが目標に飛んでいけばそれでよし。アドレスの向きやボールの位置は間違っていなかったことになる。しかし目標より右に飛んでいった、あるいは左に飛んでいったとすれば、それは構えたときの向きが悪かったか、同時にボールの位置がズレていたか。とにかくどこかが悪い。

で、そのようなミスが出たときには、その場でまずスタンスの向きが狂っていなかったかを確認してみる。もし狂っていたら、次のショットを行うときにそこをポイントに置いてチェックしてみる。こうやってワンラウンドのうちにチェックし続けていくと、そのラウンドでは直し切れなかったことでも、次のラウンドで良くなるとか、必ず成果が出てくるものです。

だからラウンドしているときにはナイスショットは置いておいて、ミスショットから学ぶ。このような姿勢は極めて大切です。上達も、そのような姿勢から生まれてきます。

第35話

心の有り様をおろそかにしていないか

スコアは心の振幅をどれだけコントロールできるかにかかっている

ゴルフのスウィングは自転車と同じ。

ひとたび身についたら、忘れることがない。トラック1台分のボールを打たないとうまくならないという人もいるけれども、その必要は少しもないんです。要するに考え方、心の有り様。これによって、ボールを打たなくともスコアはいくらでも縮まっていく。何度もいうようですが、そうぼくは感じています。

たとえば18ホールのうち、14回ドライバーを使うとして、そのうちの4回は狙ったところにボールを運べると。そういう人がいたとして、その人が確率を倍にして8回狙ったところに運びたいと願ったとしましょうか。

するとその人はどのくらいの練習をしなければいけないか、というと、単純にこれまでの練習量を倍にすればいいというものではない。そういう問題じゃないんです。確率を倍に高めるためには、恐らく倍以上の練習量を必要とするだろうし、それより何よりも、実際にコースに出たときの心の動きをコントロールできるかどうか。ここが一番の問題となるところなんです。

コースに出ると、目から入ってくるもの、耳から入ってくるもの、そして肌で感じるもの——こういうものによって心はどのようにでも揺れ動く。不安感を生じたり、恐怖心を持ったり、あるいは気持ちが高ぶったかと思うと消沈するといった、このような様々な気持ちの揺れ動きの中でボールを打たなければいけないわけですから、練習場でボールを打つようなわけにはいかない。つまり状況に変化が生じるんです。その中で、4回の確率を倍の8回に高めることは練習量の多さでは解決のつかない問題を含んでいるはずですね。

だからトラック1台分のボールを打ったところで必ずうまくなるという保証はどこにもない、ということなんですが、なかなかこのへんのことを理解してくれるゴルファーって少ない。とにかくボールを数多く打ちさえすればうまくなるものと思っている。もちろん、そうやってうまくなった人がいないわけではありませんよ。しかし、ある程度のところまでいったら心の有り様、考え方、そこに行き着いてしまうんです。

フェースインサートの横幅。これがどのぐらいあるのか分かりませんが、それほど広いものではない。その広くない面積の中でボールをとらえることは非常に難しい。センチミリミリの世界。アドレスでほんの少し前傾姿勢が深かったとか、ボールの位置がズレてしまった、あるいはグリップと体の間隔がちょっと広かった、狭かったと、ほんのわずかな狂いだけでボールはもうフェースインサートから外れたところに当たってしまう。それほど微妙な世界を、練習によって克服するのは至難の業だと思うんです。

ましてやアマチュアは一般に感性が優れているわけでもないし、肉体的にも優れているとはいえないわけでしょ。要するに何もない。だったらトラック1台分のボールを打つなんていう無駄な努力をするよりは、いかに心の振幅をコントロールするか。また確率の高いゴルフをするためには、どうすればいいかという方面での努力なり鍛錬をすべきなんです。これがナイスショットを出す、またスコアを縮める一番いい方法。

心の揺れ動きをコントロールすることが、いかに大切かという例を出してみましょうか。

◉よく経験するところだろうと思うんですが、3ホール続けてパーがとれたと。しかし連続4ホールの経験はない。で、4ホール目。このときにゴルファーの多くは不安を感じると思うんです。ここでパーがとれれば初めての4ホール連続だけれども果たしてとれるかな、どうかなと。するとたいていはボギーを出してしまうか、信じられないような大叩きをしてしまう。こういう経験って、どうですか、あるでしょ。で、残念だなっていう気持ちの一方でホッとするような気持ちもあって、一種複雑な心模様に占められる。

この場合、3ホールも連続してパーをとってきたということは、決してゴルフが下手な人ではない。4ホールでも5ホールでもそのまま続けてパーがとれる腕前なり技術を持っているはずなんですね。それなのに突然崩れるということは、技術上の問題以外の心の問題、これに尽きるんです。

要するに短距離ランナーは100メートルは速いけれども、1000メートルの競走になったら「どうかな」って不安を感じるのと同じ。自分の未経験の分野に対する恐れが不安感となって表れるわけでしょ。これが1万メートルの競走になったら、もっと心配。だから4ホール連続パーという未経験の分野に入り込むには不安感がつきまとうし、その不安によって思い切ったショットができなくなり、結果、パーがとれないと、こういうことなんです。

もうひとつ例を出すと、ハーフ30台のスコアを出したことがないと。40は何度か出しているんだけれども、あと一歩のところでどうしても30台が出ない。こういう人って、たくさんいるでしょ。で、何故なんだろうって練習に励んでみても、やはり30台は出ない。

これも技術上の問題ではなくて考え方の問題。考え方を改めるだけで十分に出せるようになる。どのように改めるかというと、たとえば最後のホールをボギーの5で収めれば39が出るとすると、ティショットでドライバーを使わない。ただこれだけでいいんです。

ドライバーという道具は、長さも長いし、ロフトも少ない関係で、ボールに当てづらいし曲がりやすい。ということは、最後のティショットを曲げてしまう可能性があるわけです。というより、30台のスコアがかかってますから心理上制約を受けている状態。その中でのショットならミスをする確率のほうが高い。ボールを曲げてしまってOBに打ち込んだり、池に放り込んでしまえば、もうそのホールでのボギーはなくなっちゃいますね。

で、30台を出せない人というのは、いつもこのようなことの繰り返しでゴルフをやってるんじゃないかなって思うんです。ドライバーで打てばパー4のホールで6も叩けば7も叩く。ならばアイアンでティショットして3オンの2パット。これで十分に30台を出すことができる。つまり考え方。これだけなんです。

アイアンで打つのは男じゃないとか、恥ずかしいとか、そんな見てくればかりを気にしたって、何にもならないでしょ。30台を出したいのなら、出すための考え方というものがあるんですね。

◉

ティグラウンドに上がると、よくキャディさんがサッとドライバーを手渡してくれる。このように、ティショットではドライバーを使うものだという固定観念にとらわれたキャディにも問題はあるけれども、それより手渡されたドライバーを何の考えもなしに受け取って使うというのは、もっと良くない。ゴルファーは観念的にゴルフをやっちゃいけないんです。これは技術以前のこと。

いくつか例を挙げてみましたが、ゴルフは技術よりも心の有り様や考え方によってミスショットも出ればナイスショットも出るし、また悪いスコアも出ればいいスコアも出る。ゴルフスウィングは一度覚えれば自転車と同じ。右に曲がるも左に曲がるも乗り手の問題です。

第36話 まず眼の前の失敗を消せ

やってはいけないことを減らし、いまやるべきことを増やしていく

無闇にボールを打たなくともスコアはいくらでも縮めることができるという話。

前項ではそれに関して心の有り様や考え方について触れましたが、実際これは、そのとおりなんです。やってはいけないことはやらない。またやらなくちゃいけないことはやる。これを守るだけでホント、いくらでもスコアは縮まる。

たとえば何度繰り返してもいいと思うんですが、ボールを林の奥深くに入れてしまったと。このときに、やってはいけないことというのがあるわけです。それは、どれぐらいの可能性があると踏んでのものか知りませんが、木と木の間が少しでも空いて

いると、そこを目がけて打ってしまうこと。よくやるでしょ。木と木の間が30センチぐらいしか空いてないのに、平気で打っちゃいますね。で、結果はボールを木に当てて、もっと林の奥へ入れてしまうとか、あるいはそのような林ではOBが迫っている場合が多いですから、OBに入れてしまうことだってある。するとまた林の中にボールをドロップして打ち直さなきゃいけないわけですから、これはもう、いくつ叩くか分からない。ということは、このホールひとつでその日のゴルフはおしまい。

これではゴルフがつまらないでしょ。1日のゴルフをおしまいにするほど、林の中からの1打に勝負を賭ける状況ってほとんど考えられないと思うし、このような場合にはたとえグリーンから遠ざかっても安全にボールを出せる場所を捜して、そこを狙って打つべきなんです。これは鉄則。

30センチの隙間を狙うゴルファーにしてみれば、成功する確率が少しでもあればそれに賭けて、成功したときの快感を味わいたいと思うのでしょうが、しかし成功する確率が低いということは、逆に失敗する確率のほうが高いということ。このへんを忘れてしまっている場合が多いですね。これは本当に多い。失敗したときのことを考えない。これではやはり、スコアを縮めることは無理なんじゃないかなって思いますよ。

見えない成功を期待するよりも、まず眼の前の失敗を消せ――これがスコアを縮めるための、まずもっての条件です。

◉

林の中はフェアウェイよりも絶対的にボールのライが悪い。ライが悪ければ狭い隙間を通すほどのナイスショットが出る確率も非常に低い。ましてやトラブルに見舞われているわけですから、気持ちにしても平静を保てない状態。このようにいくつもの悪条件が重なっているのに、なおかつ成功を期待するというのは、ぼくにはどうにも信じられない。

一度、やってみること。安全に出せる場所がグリーンとは反対の方向であったとしても、とにかくそこに出すように実行してみる。それによって距離が50ヤード損したといっても、ただそれだけでしょ。林の中で2つも3つも叩くよりはよほどいい。

このような、やってはいけないこととやらなくちゃいけないことは、林の中にボールを入れた場合に限らず、ワンラウンドをプレーする中で、あちこちに転がってます。左右にOBが広がっているようなホールでは、ドライバーを使わないでスプーンとかバッフィを使って打ってみる。不安を感じながらドライバーを使ってOBを出すこと。

これはやってはいけないほう。

また1本のクラブでロフトを立てたり、リーディングエッジの部分が浮き上がるほど寝かせてみたりして、ボールを転がす、あるいは高く上げるといった離れ業をやること。これも確率からすれば成功の目はあまり期待できないでしょ。これも、やってはいけないこと。そのような方法でアプローチして、何度かうまくいった経験があるのかもしれないけれど、たまたままぐれで、カップのそばまで寄ったのかもしれない。それを自分の実力だと信じるのは本人の勝手ですが、たまたま以外のほとんどは、それほど寄らずに失敗しているという現実を、もっと真摯《しんし》に見つめるべきじゃないかなって思いますね。

この場合、ボールを転がすならばロフトの立っているクラブを初めから使えばいいし、ボールを上げたいのなら、上げられるようなロフトの付いたクラブを使えばいいこと。このほうが楽にゴルフができる。無理に小細工して、ボールを転がそうとか上げようとしなくても、クラブのほうで勝手に仕事をしてくれるわけですから、楽でしょ。手で小細工しないぶんだけミスショットの確率も減る。

このようにして、やってはいけないことをどんどん減らし、やるべきことを増やしていけば、それだけでスコアは縮まっていく。もっとも、だからといって、練習のためにボールを全然打たなくてもいい、といっているわけではありませんよ。正しいであろうスウィングに近づけるため、またスウィングに慣れるうえで、ボールを打つことも必要です。しかしトラック1台分であるとか、がむしゃらなまでに、ボールの量を打ちこなす必要はないということ。要するに、インサイドワーク。ボールを打つ前に、やらなければいけないインサイドワークがある。それを知ってもらいたいんです。

◉

たとえば日常生活においても、ゴルフに役立つことってたくさんあると思う。これはぼくが実際に実行したことで、前にも紹介したことがあるものですが、左手を使うということ。カバンを持つなら右手ではなくて左手。歯を磨くにも、左手に歯ブラシを持つ。風呂桶でお湯をくむのも左手なら、コップで水を飲むのも左手でやる。こうでもしない限り、左手を使う機会ってほとんどないんですね。

ゴルフのスウィングは左右のバランスがうまくとれていないと、なかなかナイスショットって出づらいものなんですが、それを何とか可能にさせるためには、左手を頻繁に使ってやって、右手に負けないぐらいの左手にしてやる必要があるわけです。しかし、それぐらいやっても右利きの人は左手が弱い。だから、機会があるごとに左手を使う。

また、できるだけ足を使うということ。エスカレーターやエレベーターがあっても、階段を上がる。それもつま先だけでヒョイヒョイと上がるんじゃなくて、かかとを付けながら上がっていく。このほうが太モモが高く上がるので運動量が大きい。つまり、それだけ下半身を鍛えられる度合も強いということですね。

夏の暑い日に、アップダウンのあるゴルフ場でプレーしていると、後半ののぼり坂がキツいでしょ。で、疲れてもいるし、もうどうでもいいやって気持ちで、ボールを打ってしまう。これではあまりいい結果も得られないでしょう。だから常日頃から下半身を鍛えておく。

また歩くときには背筋をキチンと伸ばす。これもボールに対してアドレスしたときに軸をつくりやすくさせるためです。いつも猫背で歩いている人が、ゴルフをするときだけビシッと背筋を伸ばすというのは、難しいものなんです。

このように、やるべきことは日常生活の場に、ゴロゴロ転がっている。ボールを打つことだけが上達するための最短距離だ、って思っている人には、そういうものが見えないかもしれませんが、実際たくさんあるんです。そういうものの見方こそがゴルフの上達には役に立つ。最初は苦痛かもしれないけれども、慣れれば何でもないこと。それこそ日常のこととして行える。とにかく、やってみることです。

第37話

安易なゴルフに一喜一憂していないか

成功と失敗の確率をつねに計算していれば選択肢は自ずから決まる

成功する確率がほんのわずかしかないのに無謀にも挑戦し、結果、失敗する。なぜ失敗したときのことを考えないのか。成功する確率がわずかしかないということは、失敗する確率のほうがはるかに高いということ。そのへんをわきまえてゴルフをすれば、ハーフで3つや4つのスコアは簡単に縮めることができる——これが前項の骨子でした。

やっちゃいけないことは決してやらない。いうなれば、確率の高いゴルフ。これを一般のゴルファーはやるべきだ、ということなんです。もっともこのことは、何も一般のアベレージゴルファーにだけ当てはまるものではない。全日本クラスの試合に出場するような、トップアマと称されるゴルファーにもいえること。

ぼくが現役として試合に出場していた頃を振り返ってみて、失敗に対する不安感、ないし恐怖心といったものを持って試合に臨んでいた選手って、本当に少なかった。要するに確率を無視するようなゴルフ。自分自身に対して、変に生意気になってるんじゃないかなって思えるぐらいに、自信にあふれているというか、大胆というのか、とにかくそういう選手が大勢いて、よく驚かされたものです。

たとえば、オレは試合に出たら必ず1メートルのパットは沈めるんだと。入らないかもしれないとは思わない。入るもんだと、決め込んでいるわけです。ドライバーにしても必ず250ヤードは飛ぶんだと。もし飛ばなかったらどうしようかなって、考える人は少なかったような気がしますね。頭っから「オレは失敗しないんだ」って思う人は、ほとんどいないはずですから、つまるところ不安を感じる度合が大きいか小さいか、ということなんですが、それが小さいと、傍目には自信にあふれているように見える。

しかし、プレーを進めていくうちに、だんだんボロが出て「ああ、やっぱり」って思うことが多かった。彼のプレーぶりからすれば、この状況ではこういう考えでこういうショットをするだろうと思うと、案の定そうなる。失敗するんです。たとえば、ロフトの大きいサンドウェッジを使って低いボールを出し、グリーン上でピタッと止める。こういう打ち方は技術的に非常に難しいし、成功する確率っていったら本当に低い。にもかかわらず、敢行する。読んで字の如く、あえて思い切ったことをやっちゃう。つまり、ロフトの大きいクラブで、低いボールを出す必要のないところで、そのようなショットをやってしまうんです。見ているほうは危なっかしくって仕様がないんですが、本人は自信があるのか、平気でやるんですね。結局、失敗する。そのようなショットを行う裏には、オレはこういう技術をもってるんだゾ、といった強がりが含まれていると思うんですが、強がりだけでスコアは良くなるものではないし、また、強がりの裏付けとなる成功の確率もそれほどではないんじゃないかなって思います。だからこそ強がりだといえるんですが。

◉

ゴルフを一緒にやっていると、「ああ、やっぱりダメだった」といってミスショットを嘆く人がよくいますね。フェアウェイのバンカーから無理にロングアイアンやフェアウェイウッドを使って、前方のアゴにボールを当てて、バンカーから出せなかったとか、深いラフから遠くのバンカー越えを狙ってバンカーにボールを入れるとか、よくいるでしょ。で、「やっぱりダメだった」ということは、本人も失敗する確率が高いことを知っている。しかし、距離を出したいという欲のほうが勝っちゃうわけですね。だからあえて、無謀と思えることをやってしまう。

フェアウェイバンカーから、ロングアイアンを使ってナイスショットするなんて、確率からいったらわずかなものでしょう。深いラフから距離を出すにしても、10回やって10回とも失敗するぐらい。恐らく一度も成功したことがないのに、今度こそうまくいくだろうって敢行している人もいるかもしれませんが、だとしたら〝進歩〟という言葉とは永遠に無縁でしょう。

あるいは、自分自身を過大評価すること。前回のゴルフが思わしくなかったと。すると「なに、健康のためにやってるんだから」っていっていたのが、今度いいスコアでまわると、「案外オレもうまいんだ」と、俄然欲望のかたまりのようになる。で、確率を無視したゴルフをやって、また悪いスコアを出すと2～3日不機嫌になる。このようなことの繰り返し。

どうにも安易なんです、ゴルフの仕方が。

悪いスコアを出して、仕事も手につかないほどダメージを受けるぐらいだったら、たかがゴルフとばかりいってないで、少しは上達するために徹すること。その第一歩は成功する確率がどれぐらいあって失敗する確率がどれぐらいあるのか、自分なりに計算してみることだと思うんです。これは簡単にできることでしょ。

◉

先程の例でいえば、フェアウェイバンカーから、ロングアイアンを使ってショットすると、何パーセントぐらいの確率で、イメージどおりのナイスショットが出せるか、それを計算してみる。で、10回打ったうち1回とか2回しか成功しないような確率ならば、無理してロングアイアンを使わずに、もっとロフトの大きいクラブを使って、確実にバンカーから脱出させることを試みる。これが大切です。

確かにグリーンまでの距離は、ロングアイアンでナイスショットしたときより残るでしょうが、しかし失敗して、バンカーの中からもう一度打つよりは、はるかにいい。ロングアイアンでナイスショットしたからといって、絶対にパーがとれるとは限らないし、またバンカーから刻んだからといって必ずボギーになるとも限らない。このへんのところを少しでも考えれば、無理してロングアイアンを使う必要はない、ということにもなる。

また深いラフから距離を出そうと試みた結果、チョロをしてもっと深いラフに打ち込む確率が何パーセントで、成功する確率がどれぐらいなのか。これも過去の経験から思い出してみて、果たしてどうだったのか、分かると思いますね。で、結果は一度も成功したためしが無かったというのであれば、ミスにミスを重ねて泥沼に落ち込むようなことはやめて、ロフトの大きいクラブで、とにかくフェアウェイにボールを出す。

このように、いろいろな状況での確率を計算して、そのときどきで確率の高いショットを積み重ねていけば、それだけでスコアを縮めることは、本当に無理なく行えるんです。

確かにこのようなゴルフは、第三者から見れば攻撃的ではないし、面白くないゴルフかもしれません。しかし、アマチュアは第三者に自分の妙技を見せることを職業にしているわけではないし、もとよりそれによって対価を得ているわけでもない。だったら、第三者なんか気にする必要は全くないし、自分のゴルフに徹して構わないと思うんです。アイツなら、あそこでこういう離れ業を見せてくれるんじゃないかというのは、第三者の勝手な期待であって、本人には関係のないことでしょ。アイツならあそこでこう攻めて、こういう結果を得るだろうと、その通りの攻め方しかしなくても、それでいいんです。このほうが間違いなくいい結果が得られる。そう思います。

第38話

どうしてもっと謙虚になれないのか

自分の腕前・実力をわきまえて、その範囲内で最善のゴルフをする

ぼくが小学生のときに初めて手にしたクラブは、パティ・バーグというものでした。父が使っていたやつを短く切ってもらって、子供用に手直ししたもの。シャフトを短く切ったわけですから、ヘッドが軽く感じられ、またシャフトは硬かった。当然、バランスも悪い。

そのころは、クラブに関する知識なんて全然ありませんでしたから、それでいいだろうということで使ってましたが、これが全然ボールに当たらない。考えてみれば、当たり前ですね。バランスが悪いうえに、非力な子供が硬いシャフトのものを振って

いるんですから。で、試しに父の使っているクラブを短く握って振ると、これがうまくいく。そうすると、そのクラブが欲しくなるでしょ。「くれ」っていったら「ダメ」っていわれて、仕方なくパティ・バーグを使ってましたが、とにかくどうやってもうまくいかない。

もちろん、体ができていなかったということも関係してるでしょう。やっとうまく打てるようになったのは背が多少伸びて、普通のクラブを使えるようになってからです。いまでも、自分の使っていたお古を切って、子供に与えている親がいると聞きますけれども、これはぼくの経験から、考えものじゃないかなって思います。

クラブは、オリジナルの状態が一番いい。細工しない状態でそのクラブの機能が最も発揮されるんです。細工するほどかえってボールを曲げる条件をつくっちゃったり、難しくなる。ここ10年ぐらいのクラブは、それぐらい完成度が高いといってもいいと思う。だからクラブを無闇に換えるということも、いまの時代では必要がない。道具に細工したり換えるのは、大変な冒険でもあるし、無謀でもあるというのがぼくの考えです。だから、ぼくはクラブに細工しないし、換えることもしない。

そのままの状態でボールが真っすぐ飛ぶように設計されているクラブを、何もいじる必要はありません。細工するといったら、鉛を貼ることぐらいかな。ヘッドが軽く感じるから鉛を1枚貼ろうとか、最近スライスが出るようになったから、ヘッドのこのへんに鉛を貼ってやろうとか。

しかし本当は感覚的に、この鉛を貼るということは好きじゃない。というのは、鉛を貼ったクラブを試合中に使っていて、もしはがれたら別のに替えるってわけにはいかないわけです。だったらそんな危なっかしいことをしたくない、ということでもあるんです。もしどうしても貼らざるを得ないというんであれば、ウッドならソールプレートを外して、その中に鉛を埋め込んじゃう。第一、鉛1枚貼ったぐらいで、その重さを感じるほど感性に優れているのかといったら、そうではないんでしょ。他人のクラブを間違って手渡されても、しばらくそのことに気がつかない人が多いんですから、鉛1枚の重さなんて、とても分からないんじゃないかなって思う。

◉

要するに、道具をしょっちゅう細工したり換えたりするという人は、謙虚さが足りない。クラブが悪いんじゃなくて、自分の腕のほうが悪いんだという謙虚さ。実際、そのクラブをオリジナルの状態で使って、うまく打っていたときもあると思うんです。

それが打てなくなったということは、クラブそのものは少しも変わっていないはずですから、自分のスウィングがおかしくなったか、あるいは、アドレスのとり方が以前とは変わってきているか。いずれにしてもミスショットを出す原因を自分でつくっているはずなんです。それを鉛1枚で良くしようというのは、どう考えても間違ってるんじゃないかな、って思いますね。

前にも触れましたが、ひとつの道具に馴染むまでの時間。これが、案外かかるものなんです。それまで使っていたクラブと、全く同じスペックのクラブに換えたとしても、それでも馴染むまでに時間がかかる。というのは、同じスペックのクラブでも、クラブによっていろんなクセがあるからなんです。無くて七クセ。そのクセに馴染むまで時間がかかる。だからそう簡単にクラブを換えられないし、また馴染んで初めて、そのクラブの良し悪しについての判断材料が出てくるんです。だから、馴染む前に細工したり換えるというのは、やはり自分の腕前を棚に上げきれないぐらい上げている証拠なんじゃないかなと、そう思うわけです。

「ゴルファーって、自分の腕前が悪いとは思いたくないんですよ」

ということを、人から聞かされたことがあるんですが、これがぼくにはよく分からない。どうして腕前が悪いと思いたくないのか。ミスショットしてもそれが自分には ね返ってこないでみんな他人のせいにしてしまう。スリーパットすると「こんなボコボコのグリーンじゃ入るわけないよな」とか、フェアウェイのディボット跡からボールを打ってミスショットになると、「目土の砂ぐらい入れとけよ」なんて、キャディの責任にしたりする。とんでもないゴルファーになると「こんなところにバンカーなんかつくるんじゃない」って、バンカーの砂を蹴飛ばしたりね。そうなるともう無茶苦茶なんですが、その延長線上でクラブに細工したり簡単に取り換えたりしている。やはり、これではうまくなりづらいんじゃないかなって思う。

◉

謙虚さ。これは必要です。自分の力を正当に評価する。ティショットをフェアウェイの真ん中にナイスショットしたと。すると、ほとんどのゴルファーは、自分の腕前を度外視してパーをとってやろうとか、バーディをとろうと考える。その結果、難しいピン位置なのに、果敢にバンカー越えを狙って失敗したり、あるいは気負いすぎてダフリやトップを出し、ボギーやダボを叩いて、そのホールを終了する。

どうしてもっと謙虚になれないのか。もちろん、滅多にない機会だから敢えてチャレンジし、淡い可能性に賭けたいっていう気持ちも分からないではありませんが、しかしこういうことを繰り返している限り、スコアはいつまでたっても縮まっていかない。たまたまそのホールではうまくいっても、次のホールで同じような状況から大叩きしたりして、悪い結果でスコアの帳尻を合わせるようなことになる。

自分の腕前・実力をわきまえて、その範囲内でベストのゴルフをするように考える。このような謙虚さがあれば、少なくとも大叩きするということはない。ショートホールで6つも7つも叩くとか、ロングホールで10も叩いて、ハンディがなくなったなんてことにはならないと思うんです。やはり、大叩きをする裏には自分の実力・腕前を度外視した強がりとか、虚栄があるんじゃないかなって気がしますね。

自分の腕を棚に上げる状況って、1日ラウンドしているうちにいくらでもある。それを自分で見極められるかどうか。

同伴者はドライバーを使っているけれども、自分は右が怖いからスプーンやバッフィで打とうとか、145ヤードのショートホールで相手は8番アイアンを使っているけど、オレは飛ばないから6番でいこうというように、ショットのたびに自分の腕前と状況を考えて無理にならない範囲内でクラブ選択なり攻略ルートを考える。これは一見、消極的に見えるけれども、結果的にはこれが最善の方法。とにかく、一度実行してみることです。

第39話

あれもこれもと欲張っていないか

要は割り切りひとつ。虫のいいことは体に余計な制約を加えるだけ

2年目のジンクス。

よくいわれますね。前の年、大活躍したと。ところが次の年はまるで振るわない。あるいは大試合で初優勝した。しかしその後長い間優勝がない。どうしたんだろう。このようなことって、プロの世界にもあるし、アマの世界にもある。最初は、フロックで勝てるんです。要するに、まぐれ。何かがうまい具合に作用して、勝ちをもたらしてくれる。

ところがそれを思い返したとき、「いやあ大変なことをやってしまった」と。そう

思ったときにすでに、ダメになる始まりがやってくる。また他人から「お前、去年大活躍したじゃないか。今年も頑張れよ」といわれたとたん重荷に感じ、結局活躍できないまま終わってしまう。

プレッシャーという言葉はあまり好きじゃないんですが、要するに制約です。これが加わると人間って本当に弱い。まるで前の年の活躍や優勝が、嘘のようになってしまう。

ひとつの試合をとりあげても、まず4ラウンドこなさなくちゃいけない。この間、体調を一定に保つとなったら大変なことだし、1ラウンドの中で何度も移りかわる心をコントロールすることはもっと大変。それをさらに1年間もとなったら、どうやってコントロールしていってていいか分からないぐらい。だから、試合に勝つということは決して簡単なことではないし、実に難しいもの。

で、試合に出るとなると、気持ちが高ぶるでしょ。高ぶるなっていったって、これは高ぶる。そうなると、普段とは違った自分が顔をのぞかせることもある。「いつものオレって、こんなことないんだけど」って思っても、それに気がつきながらどうにも修正できない場合だってある。で、そうやってゴルフを進めていくうちに、知らない間に取り返しのつかないようなスコアを叩いてしまって、結局その試合は終わり。それが二度三度と続けば「オレはもうダメなのか」「オレって試合に向いてないんじゃないか」と、そう結論づけざるを得ないようなことにもなりかねないわけでしょ。

2年目のジンクスって、昔からよくいわれていた。神様じゃないけれども、何か特別な運が作用しないと勝てないんじゃないかとかね。しかしそうではない。心、技、体の3つとも最高の状態に保つことは難しいことだし、3つが3つとも十全にかなう確率っていったら大変に低いということ。それに周囲からの期待や自分自身の勝つことへの欲望が制約として加わると確率はもっと低くなってしまう。だから勝てないし、低迷する。こういうことなんです。

しかし、常時試合で闘っている人たちにとっては、それを何とかクリアしないと上へは行けないわけですから、普段から訓練によって体調を維持する方法とか、制約を受けても平静を保つ術《すべ》を考えておかないといけない。これはそうですね。

◉

たとえば「オレは試合中、8時間眠らないと感性が鈍るんだ」と。これまでの経験則からこのような結論を引き出したとしたら、試合中に夜遅くまで酒を呑んでいたんでは勝てないだろうし、やはり翌日のスタート時間に合わせて、8時間の睡眠がとれる時間には眠らないといけないわけです。これはひとつの例ですが、体調を整えるなり心の平静を保つための方法は、人それぞれに持っているはずだし、また持たなくちゃいけない。

ただし、このようなことが当てはまるのは、あくまでも試合に出て上に行こうと願っている人たち。普通の、遊びでゴルフを楽しんでいるゴルファーにとっては、かえってマイナスに作用するだろうということです。よくいるでしょ。明日コンペだというと突然居ずまいをただすというか、えらく早く家に帰ってきて早目に寝るとかね。ところが、普段のリズムと違ってるから、なかなか寝つけない。で、久しぶりのコンペということであれば楽しみだし期待もあるだろうし、そうなると一層眠れなくなって、結局、寝不足気味のだるい体をゴルフ場に引きずっていく。結果は当然思わしくない。

あるいは前の日、久しぶりに練習場でボールを打ったと。スウィングのチェックを行って、悪いクセも飲み込んだ。ついでにゴルフ雑誌の技術欄をたんねんに読んで、ポイントも頭に叩き込んだ。これで仕上げは万全。ところがコンペに臨んでみると意外やスコアがまとまらずに、いつも出しているようなスコアで終わってしまう。成績もさんざん。

つまりこれは、突然いつもと違ったことをやっても、体のほうがビックリするだけだし、また完璧に仕上げることによって、かえってそれによる制約が生まれてしまうということ。だからスタート前から、優勝しようって、体はガチガチ、気持ちにも余裕がなくなって、どうにもうまくいかない。

スタートホールでドライバーを一発ＯＢさせようものなら、「きのうはあんなにうまく練習できたのに」っていう気持ちがありますから、とたんに不安になって、１日中ティショットが怖くて思い切ったスウィングもできなくなる。それでやっと会心の当たりが出たのが最後の18番ホールだったりして、「遅いんだよ、今頃出たって」って、大いに嘆くわけです。

いいスコアで上がりたい、優勝したいっていう気持ちが強すぎると、特に一般のゴルファーは、それとは裏腹の結果になりやすいんじゃないかなって思います。ひとつのホールで大叩きすると、それを口惜しんで、気持ちの切り換えができずにそのまま流されるか、あるいは失敗を取り返そうとして無謀なことをやる。

で、やっと優勝できないっていうあきらめがついて、口惜しむ気持ちが吹っ切れたときに、会心のショットが飛び出したりする。このような経験、よくあるでしょ。OBを出した後のショットが、よくナイスショットになるのはこれと同じこと。

◉

だから久しぶりのコンペだからといって、あまり普段の生活とかけ離れたことを突然やってもいい結果は出にくいんです。やるならば、日常的に行わないと意味がない。ぼくはよくいうんですが、このへんのことを考えると、遊びでゴルフを楽しんでいる一般のゴルファーと、試合に出て頑張ろうとしているゴルファーの間には接点がない。一般のゴルファーはゴルフを遊びとしてとらえている限り、別に高邁《こうまい》な目標を持つ必要は全くないし、スコアも悪ければ悪いでいいし、いいときはいい。悪いときでも、何も「これ以上落ちちゃいかん」って自分に制約を加えることもないだろうし、また周囲から加えられることもない。だったら健康と趣味のためと、そう割り切ってやったほうがずっとうまくいく。そう思うんです。

ところがそのようなゴルファーほど、これはゴルフをする回数が少ないからだと思うんですが、欲張りなんですね。数少ない機会だから、いいスコアで上がって気分よく1日を過ごしたいと。それでいながら日常的には何もやっていない。虫がよすぎるんですよ。気持ちだけ競技ゴルファーになっても、かえって自分を縛るだけ。それなのに、どうしてもいいスコアで上がりたい、勝ちたいと、そればかりのような気がするんです。遊びでゴルフを楽しんでいるゴルファーは、よくこのへんを考えてみる必要があると思います。

第40話

心の鍛錬、これに尽きると思う

技術を磨くことより心の内奥に深く問い続けることが大切なんです

この話を始めるきっかけとなったのは、女房とその友人が、ぼくに「アプローチのときのひざはどれくらい動かせばいいか」と質問を発したこと。この経緯については巻頭に紹介しましたが、そのときぼくが感じたことは「どうも技術偏重に陥ってるな」、「危険だぞ」というものでした。

確かにボールを真っすぐ飛ばせる技術、カップのそばへ寄せる技術は必要です。しかしその技術を体得するために、箸の上げ下ろしじゃないけれども、ひざの動かし方まで人に聞くというのはどうもぼくには理解できないことなんです。手にしているクラブを上げたら、それにつられて自然にひざだって動いていく。これは動かそうと意識しなくとも、体が全部つながっている限り、自然に動く。そういうもの、でしょ。

もちろん、その動き方、動かし方には個人差がありますよ。しかし少なくとも他人から見て極端な動かし方をしていなければ問題にする必要は少しもないし、あるいは自分で見て、他人の動かし方とよっぽど異なるような動かし方をしていなければそれでいいと思うんです。

多分、そのような質問を発する裏には、技術書にひざの動かし方について説明しているページがあり、どうしろ、こうしろと書いてあって、確認のためにぼくに質問してきたと思うんですが、これは考えてみなくてもゴルファーの自然な体の動きを縛りつけるようなもの。かえってスウィングを窮屈なものにしてしまうし、進歩を阻む最大の原因じゃないかなって感じたわけです。

30ヤードのアプローチのときには左ひざを2センチ右に動かし、50ヤードのときには3・5センチ動かす――こんなことになったら大変でしょ。もっとも、このように数字を細かく出して指導することはないでしょうが、それにしてもひざの動きについて触れることはこれに近い。

どうもゴルファーの多くは技術に頼りすぎる。技術さえ身につければナイスショットが打てるし、スコアも縮まるものだと思ってますね。しかし、そうではないことを知ってもらいたかった。ナイスショットは心が平静なときに出る。何のこだわりもない、不安や欲や虚栄の一切ない、心が無の状態。そのときこそナイスショットが出る。それも自分でビックリするようないいショットが打てるということを知ってもらいたかった。だから本編では技術論についてはほとんど触れませんでした。

実際、自分がナイスショットを打ったときのことを思い出してもらいたいんですが、そのときは何も考えないで打っていたと思うんです。バーディをとりたいとか、ピンそばに寄せたいなんて考えずに打ってたでしょ。で、かえってそういう考えを持って打ったときほどミスショットが出たり、グリーンの端っこに乗る。そういうものなんです。

◉

ナイスショットは、上級者ばかりが打てるものではない。ハンディ36のゴルファーでも、ときに目の醒めるようなショットを打つ。ということは、技術的には問題がないはずなんです。打てる技術をちゃんと持っている。それがたまにしか出ないのは、そこに不安感があったり、周囲からの雑音が耳に入ったりするからでしょ。それを考えれば、ともかく心を平静にさせる術《すべ》を考えること。ショットのたびに、平静でいられる術を持っているゴルファーほどナイスショットが出るし、いいスコアで上がれる。

これまで触れてきたことは、この平静な心を持つことであり、謙虚さを持つことであり、虚栄心を捨て、確率の高いゴルフを展開し、実力どおりに、執着心を持って我慢のゴルフを行えば、練習場で大量のボールを打ち込まなくとも、誰でもうまくなれるということでした。

とにかく一度やってみる。「中部はあんなこといってるけれども、ホントかいな」とばかり考えていないで、ラウンドのときに実行してみる。で、実行に移さなければ相変わらず以前と同じゴルフが繰り返されるだろうし、実行すればハーフで4つや5つのスコアを縮めることは簡単に実現できる。これは間違いがない。

同伴競技者の中に飛ばし屋がいると、それと張り合って、自分も飛ばそうとしてミスショットを出す。

スターティングホールで大叩きすると「もうダメだ」ってあきらめて執着心を捨て去ったゴルフをする。

難しいバンカー越えなのに、カップの手前の狭い範囲に狙いをつけ、結局バンカーに入れてしまう。

林の奥深いところから無理にグリーン方向を狙い、ボールを木に当てて泥沼に入り込む。

同伴競技者のスコアばかり気にして、全然自分のゴルフに身が入らない。

スコアがミスショットの上に成り立っていることをわきまえず、恰好の良いゴルフばかり追い求めて墓穴を掘る。

成功する確率が極めて低いにもかかわらず、成功したときの快感だけを期待し、失敗したときのことを考えず無謀な攻めをする——などなど。

挙げていけばキリがありませんが、そういうひとつひとつを確実に消し去っていけば、スコアを縮めることは実に簡単。で、最初は抵抗を感じても、一度やってみれば案外楽に実行できることが分かると思う。ほんのちょっとした遠まわり。それが結果的にいいスコアに結びついてくる。

右に挙げたことは、練習場でボールをたくさん打っても身につかないこと。これは実戦の中で身につけるより他ありません。いくらボールを正確に打てる技術を身につけていても、ラウンド中の状況の変化やそれに応じた心の揺れ動きによって、ミスショットはいくらでも出る。そしてその心の揺れ動きこそ曲者で、これをコントロールする術を持っている人がやはり試合では上位にいるという現実。これは腕前の良し悪しに関係なく、誰でも。

だから心の鍛錬。これに尽きると思うわけです。

またボールを打つ以外に、日常の生活の中でゴルフに利用できることってたくさんある。普段から左手をよく使い、左手の感覚を養うとか、左手を鍛えるとか、足腰が弱らないように階段を利用する、あるいは姿勢を正して歩く。このような、常日頃からの積み重ねがゴルフにも生かされるということについても、触れました。普段、何もやってない人が、ゴルフ場へ出て突然左のグリップをしっかり握るとか、正しいアドレスをとろうと思っても、できることではない。だから普段からの心掛けも必要だということと。

以上、本編でぼくが触れてきたことは、右に集約できます。

みなさんのゴルフがこれまで以上に進歩することを願って、この稿を終わります。

では、また次の機会に。

極東サーキット	年	世界アマチュアゴルフ選手権	アジア太平洋アマティーム選手権	日豪親善ゴルフマッチ	その他
	1960	団体16位、個人81位 米メリオンGC			
	1961				
	1962	団体9位、個人41位 川奈ホテルGC富士			関西オープン(西宮) ベストアマ、 関西学生(枚方)優勝
	1963				関西オープン(広野) ベストアマ、関西学生、 関西アマ優勝
	1964	団体23位 伊オリジアータGC			
	1965		団体優勝、個人優勝 日光CC		関西オープン(鳴尾) ベストアマ、 関西アマ(広野)優勝
香港オープン・アマ2位、タイオープン・アマ3位など	1966	団体8位、個人3位　メキシコ メキシコGC			関西オープン(茨木) ベストアマ、 関西アマ(宝塚)優勝
香港オープンで21位(ロー・アマ)など プロにまじって転戦	1967		団体2位、個人6位 台湾G&CC	総合優勝★平野勝之288← 142(68·74)·140(68·72) =282　アマの部でも優勝	西日本オープン(門司) 優勝、関西アマ(古賀) 優勝
	1968	団体9位 豪メルボルンGC			関西オープン(下関) ベストアマ
	1969		団体2位、個人2位 韓国ソウルCC		関西アマ(愛知) 優勝
	1970				
	1971				
	1972				
	1973		団体2位 インドネシア・ ジャカルタGC		'73国際アマ・ティーム 選手権 団体3位、個人2位 コロンビア・ エルリンコンC
	1974	団体2位、個人19位 ドミニカ・ カンポデゴルフ			関東アマ(東京)優勝

中部銀次郎：主な競技成績

競技名 年	日本アマチュアゴルフ選手権	日本オープンゴルフ選手権競技	日本学生ゴルフ選手権競技	読売国際オープン・ゴルフ選手権
1960（昭35）	ベスト４　☆田中誠 愛知CC			
1961（昭36）	２位 4-3 ☆石本喜義 大洗GC	予選落ち ☆細石憲二 289 鷹之台CC	ベスト８ ☆小室秀夫 武蔵CC笹井	
1962（昭37）	優勝 5-3 ★富田浩安 広野GC	予選落ち ☆杉原輝雄 287 千葉CC梅郷	ベスト８ ☆小室秀夫 愛知CC	
1963（昭38）	ベスト８　☆森本弘 鷹之台CC		優勝 10-8 ★小室輝夫 狭山GC	
1964（昭39）	優勝 4-3 ★纐纈資郎 愛知CC	41位T ☆戸田藤一郎 283 151・151＝302 四日市CC	優勝 6-4 ★八木正孝 広野GC	
1965（昭40）	２位 2-1 ☆森河伸治 霞ケ関CC東	18位T ☆橘田規 284 144・149＝293 三好CC　ロー・アマ	（甲南大学1〜4年）	
1966（昭41）	優勝 6-5　★田中誠 古賀GC	17位T ☆佐藤精一 285 145・147＝292 袖ケ浦CC　ロー・アマ	中日クラウンズ	39位T ☆H・ボイル 286 304 読売CC
1967（昭42）	優勝　★森道應 293 71・69・144＝284 我孫子GC	22位T ☆橘田規 282 147・146＝293 広野GC　セカンド・アマ	予選落ち ☆謝永郁 273 名古屋GC和合	12位T ☆河野光隆 282 288 読売CC ロー・アマ
1968（昭43）	２位T ☆大川清 297 76・74・148＝298 茨木CC西			
1969（昭44）	３位 ☆山田健一 290 70・73・77・71＝291 東京GC	予選落ち ☆杉本英世 284 小野GC	アマ優勝 71・71・71・73＝286 名古屋GC和合	６位T ☆G・ウォルステンホルム 288 293 読売CC ロー・アマ
1970（昭45）				※1962〜71年開催
1971（昭46）				総武国際オープンゴルフ選手権
1972（昭47）				
1973（昭48）	16位T ☆中島常幸 295 74・79・78・75＝306 軽井沢72西	予選落ち ☆B・アルダ 278 茨木CC西		20位T ☆内田繁 279 290 総武CC ロー・アマ
1974（昭49）	優勝 ★倉本昌弘 295 74・74・73・73＝294 東名古屋CC西	予選落ち ☆尾崎将司 279 セントラルGC東	ベストアマ ☆村上隆 272 名古屋GC和合	38位T ☆呂良煥 280 297 中山CC ロー・アマ

極東サーキット	年	世界アマチュアゴルフ選手権	アジア太平洋アマティーム選手権	日豪親善ゴルフマッチ	その他
	1975		団体優勝 東京GC		
	1976	団体2位、個人29位 ポルトガル・ ベニイナGC			
	1977				
	1978	団体9位＊PC フィジー・ パシフィックハーバー			
	1979		団体優勝、個人3位 ＊PC シンガポール・ アイランドCC	○日本14:6豪州● スリーハンドレッドGC	'79国際アマ・ ゴルフ選手権 団体優勝、 個人優勝 ベネズエラ・ バレアリバGC
	1980			○日本12:8豪州● 豪キャンベラGC	
	1981				
	1982				
	1983				
	1984	団体優勝＊NPC ロイヤルホンコンGC			'84日本対ニュージーランドティーム ゴルフ・マッチ ●日本901:896ニュ○ ＊NPC 鷹之台CC、 成田ハイツリー ※PC:プレーイング・キャプテン NPC:ノンプレーイング・キャプテン
	1985		団体3位＊NPC 豪ロイヤル アデレード		
	1986	団体14位＊NPC ベネズエラ・ ラグニイタCC			
	1987		団体優勝＊NPC タイ・ロイヤルファヒンGC		

競技名 年	日本アマチュアゴルフ選手権	日本オープンゴルフ選手権競技	日本学生ゴルフ選手権競技	読売国際オープン・ゴルフ選手権
1975（昭50）	4位 ☆倉本昌弘 290 76·75·73·76＝300 セントラルGC東	45位T ☆村上隆 278 77·73·74·72＝296 春日井CC東 セカンド・アマ	ベストアマ ☆青木功 272 名古屋GC和合	
1976（昭51）	4位 ☆森道應 294 73·72·77·78＝300 広野GC			※1972～76年開催
1977（昭52）	42位T ☆倉本昌弘 287 78·75·77·79＝309 霞ケ関CC東			
1978（昭53）	優勝 ★塩田昌男 298 72·70·73·76＝291 三好CC西			
1979（昭54）	11位T ☆湯原信光 302 78·75·78·79＝310 相模原GC東			
1980（昭55）	10位T ☆倉本昌弘 293 78·73·78·75＝304 小野GC			
1981（昭56）	8位T ☆内藤正幸 287 71·75·79·73＝298 東京GC			
1982（昭57）	5位T ☆金本勇 291 70·74·79·76＝299 南山CC	47位T ☆矢部昭 277 75·73·74·73＝295 武蔵CC豊岡 セカンド・アマ		
1983（昭58）	10位T ☆加藤一彦 290 73·75·77·77＝302 千葉CC野田	予選落ち ☆青木功 281 六甲国際GC		
1984（昭59）	30位T ☆長田敬市 289 76·78·74·75＝303 茨木CC西			
1985（昭60）	☆中川隆弘 282 80·75＝155 予選落ち 大洗GC			
1986（昭61）	29位T ☆伊藤嘉浩 297 79·75·77·79＝310 熊本空港CC			
1987（昭62）	13位T ☆鈴木亨 284 72·74·73·78＝297 浜松シーサイドGC			－

※この成績表は『日本ゴルフ協会70年史』（日本ゴルフ協会刊）、『PGAツアーガイドブック』（日本プロゴルフ協会刊）などを参考にして作成したものです。
☆優勝者 ★2位（文責：編集部）

解説　ゴルフ姿の綺麗な人

倉本昌弘

「ゴルフ姿の綺麗な人」——中部銀次郎さんはそういう人でした。ボールに構える姿、スイングする姿、歩く姿、ゴルフをしているときの中部さんは、どんなときでも凛としていて美しかった。そのようなゴルフ姿の人は、後にも先にも中部さんしかいないと、今でも思います。

その中部さんの研ぎ澄まされた毅然としたゴルフ姿は、何によってもたらされたものでしょうか。私は、それは中部さんがゴルフに対して、常に真摯に立ち向かおうとしていたところから生まれたものだと思っています。

中部さんが現役時代。といっても、私が学生のときに日本のナショナルチームに呼ばれ、そのチームで一緒に練習をしたときに中部さんのゴルフを知るわけなので、中部さんは三十代半ばにさしかかっていました。中部さんは甲南大学時代に日本アマを取り、すでに四回も優勝を重ねていました。ゴルフにおける経験と技術が人生のピークに向かっていたときでした。

中部さんのショットは糸を引くような綺麗な弾道でした。鋭く、正確。中部さんはそうした自分が理想とするボールを打つためにすべてを捧げていました。熱心に練習を行い、理想と思うボールがいつでも打てるように努力していました。それは練習場でもコースでのラウンドでも同様です。全神経を集中させているので、誰とも話さないし、話そうともしない。孤高の人であったわけですが、それは真摯にゴルフに取り組んだからこその姿でした。

ナショナルチームでは練習を終えた夜に、鍋島直要さんと中部銀次郎さん、森道応さんら、その頃の日本のトップアマたちがゴルフにまつわるいろいろな話をしていました。それも若い私たちを交えて、意見を交換し合うわけです。ゴルフスイングやコースマネジメントといったゴルフ理論はもちろんのこと、やがてはゴルフとはいかなるものかといったゴルフ哲学にまで話は及びます。

その中にゴルフにおける才能と努力という話がありました。才能とはゴルファーの器の大きさのことです。大きな人もいれば小さな人もいる。その器にどれほどの水をためることができるか。それが努力です。

器が大きくても努力をしない人は水がたまりません。小さな器でも努力をすれば水がたまります。勝負は水の量で決まるわけです。中部さんは器の大きな人ではありませんでしたが、その器いっぱいに水をためようと努力した人です。

その頃のプロの世界には、尾崎将司さんや青木功さんのように器の大きな人がいて、しかもしっかりと努力をしていました。また杉原輝雄さんのように器は小さくても並外れた努力をしている人もいたわけです。中部さんはそうした人たちを間近に見て、プロにはならずにアマチュアでプレーをすることにし、アマチュアでの日本一を目指したわけです。そうして、自分の器に水をため続けて、誰もできなかった日本アマ六度の優勝を成し遂げたわけです。

自分の器の水は練習を怠るとすぐに少なくなります。ゴルフをなめると水はすぐに減ってしまいます。絶えず努力をしていないと、器の水は増えてはいかず、維持することもできないのです

しかし、それでもいつでも勝てるとは限りません。優勝をしようと思えば、水をためるだけでは果たすことはできないわけです。なぜなら自分の器に水をためる努力をしている人は他にもたくさんいて、中部さん以上に器の大きな人もいるからです。

そこで中部さんがしたことは、勝利の女神に微笑んでもらえるようなゴルフをするということです。それはひと言で言えば真摯なゴルフをするということになります。

心を綺麗にし、卑しい気持ちを持たない。欲を持たずに身の丈に合ったゴルフをする。ミスを犯しても、ふてくされることなく受け入れる。一瞬も油断をせず、集中力

を途切らさない。最初のティショットから最後のパットまで全身全霊を込めたプレーをする。そうして、プレーが終わったら、「ありがとうございます」とゴルフの女神様に感謝をするということなのです。

もうおわかりになったと思いますが、本書『わかったと思うな　中部銀次郎ラストメッセージ』は、そうした中部銀次郎さんの真摯なゴルフへの気持ちを書き留めたものなのです。自分の器に水をたくさんためる努力をする。それも綺麗な水をためる。そうして、ゴルフの女神様に好まれるゴルファーになる。どうすればそうしたゴルフができるのかということを書き記したものだということです。

なので、そうしたゴルフを追究すれば、最後には、試合で勝つか負けるかということとは関係なくなってきます。よいスコアで上がるかどうかということも問題ではなくなります。勝つことやスコアに執着すれば、美しいゴルフにはなりません。清いゴルフではなくなってしまう。ゴルフの女神様が好むゴルフではないからです。

ひたすらひたむきにゴルフに取り組む。それこそがゴルフの本道なのだと中部さんは思うに至ったわけです。勝利や好スコアはあくまで結果であり、求めるものではない。求めるものは綺麗なゴルフ、清いゴルフをするということなのです。

そして、中部さんは現役を退いたあと、亡くなる直前まで、そのことを真剣にゴルフに取り組もうとしている人に伝えようと言葉を残したわけです。

なので、中部さんの本は、この本に限らず、さらりと読めば当たり前のことが書かれていますが、じっくりと読めばかなり奥深いことが書かれているとわかります。さらに時を経て何度か読み返すと、そのときどきに新たにわかることが増えていくと思います。

中部さんは自分が考えていたことを、皆さんにも考えてほしいと願っています。そしてその中部さんの考えは、皆さんのゴルフの腕前が上達したり、経験が増えていくことによって、そのとらえ方が変わっていくに違いありません。それこそが、ゴルフの大いなる魅力であり、中部ゴルフの素晴らしいところだと、私は思っています。ぜひとも、じっくりと、そして何度も、中部さんの考えることに思いを巡らせてほしいと思います。

（くらもと・まさひろ　プロゴルファー）

文責　本條強（『書斎のゴルフ』編集長）

本書は二〇〇一年二月、ゴルフダイジェスト社より刊行された。

『週刊ゴルフダイジェスト』一九八八年三月二九日号〜一九八九年一月一〇・一七日号連載分に若干の補筆を行ったものです。

ちくま文庫

わかったと思《おも》うな
——中部《なかべ》銀次《ぎんじ》郎《ろう》ラストメッセージ

二〇一二年九月十日　第一刷発行
二〇二二年五月二十日　第三刷発行

著者　中部銀次郎（なかべ・ぎんじろう）
発行者　喜入冬子
発行所　株式会社　筑摩書房
東京都台東区蔵前二―五―三　〒一一一―八七五五
電話番号　〇三―五六八七―二六〇一（代表）
装幀者　安野光雅
印刷所　株式会社加藤文明社
製本所　株式会社積信堂

ISBN978-4-480-42984-1 C0175